AMAZING
WORDSEARCH

Bath • New York • Cologne • Melbourne • Delhi
Hong Kong • Shenzhen • Singapore • Amsterdam

This edition published by Parragon Books Ltd in 2015
and distributed by

Parragon Inc.
440 Park Avenue South, 13th Floor
New York, NY 10016
www.parragon.com

ISBN 978-1-4748-1507-9

Printed in China

'C' Movies

```
P O J I A R U H T K N A R C C
S D T T C R Y F R E E D O M N
E L E C L O S E R U C B P Y C
R W R P C Z N R J I R E A C L
I C A I U A F S N A O T U A O
F R B R G A S D T E Z T T S C
A O A E B R E H I A O S E A K
H S C P T R A S B F N H A B W
C S D Q E U R D F A I T T L I
T R S L L L D W N R C H I A S
A O L U C I T I Z E N K A N E
C A S I N O R O Y A L E B C E
O D N A M M O C A S T A W A Y
D S O A H C Y B A B Y R C U T
Y S J M B O R K G I B P V G A
```

CABARET	CLOCKWISE
CALENDAR GIRLS	CLOSER
CASABLANCA	COBRA
CASHBACK	COMMANDO
CASINO ROYALE	CONSTANTINE
CAST AWAY	CRANK
CATCH A FIRE	CROSSROADS
CHAOS	CRY BABY
CINDERELLA	CRY FREEDOM
CITIZEN KANE	CUT OFF

Arizonan Islands

```
R Q T Y T G D K F E A B H C G
K T N W T I S R E V A E B H U
R C I Y O Y Y A U J E E H A A
D O O W T F I R D R R H I N A
K Y P R A B B I T D E I M N E
K C N K C O R E N O L V T E V
L N O I S I C E D C R E I L U
B A R R I E N S H E L T E R S
T G E I E F X A E O G R A U T
G D H Y X V R D P Y R A M I D
T K C O R D A E H S L L U B I
F T P F F L W H U E T G I F S
G X Y F R S P T O E S T L Z Z
T C P I H S T E A M B O A T N
R T A S T R S Z T Y T U F H Q
```

ANTELOPE

BARRIE

BEAVER

BEEHIVE

BULLS HEAD ROCK

CHANNEL

DECISION

DEER

DRIFTWOOD

HERON POINT

LONE ROCK

MOHAVE ROCK

PANIC ROCK

PYRAMID

RABBIT

RIVER

SADDLE

SHELTER

SHIP

STEAMBOAT

At A Concert

```
R T G Y T U X V U L E A Q J T
X E Y P Y T S U L A C R M O E
S I N E T I U S A V L E E R T
G L O R C H E S T R A P R A Y
I M H F E V G Y I E S O R T Q
R O P O O F N G C T S V J O Z
U V M R D Z R S E N I E S R C
I E Y M A N I E R I C R U I G
S M S A S L O S S G A T S O O
O E Z N R J E R T H L U L N Z
L N P C L G Z L C E M R O U R
O T R E C N O C A E U E Z S E
I A Q E G N T Y V N S N N T H
S O N A T A E I U W I S I T C
T P B U M E L T P A C F T M S
```

CLASSICAL MUSIC	OVERTURE
CONCERTO	PERFORMANCE
FINALE	RECITAL
INTERVAL	REFRESHMENTS
LIVE MUSIC	RONDO
MINUET	SCHERZO
MOVEMENT	SOLOIST
OPERA	SONATA
ORATORIO	SUITE
ORCHESTRA	SYMPHONY

Geographical Features

```
T Q P H T O N P F O S E U L P
I R A E A A K F E I E L L L D
U A T Z Z P M T O F S A P Z Y
B U R J L L C V S Z U T R C B
X S W A M P E A K S A A R R S
B R I S L A N D V E X U P L B
R N B R S L E A S E E W E R K
V U N S M U L R I V E R J R Z
R L N E O S M A T N A E C O A
H Q O B U N V H F S Y B F M R
J P Y E N I A A T R E A U G B
E F N A T N L D E S E R T U X
J M A C A E L A H W I T O L W
A R C H I P E L A G O S A F T
S P P L N L Y O P O U O L W R
```

ARCHIPELAGO	MOUNTAIN
BEACH	OCEAN
CANYON	PEAK
CAVE	PENINSULA
CREEK	PLAIN
DESERT	RIVER
FOREST	STREAM
GULF	SWAMP
ISLAND	VALLEY
ISTHMUS	WATERFALL

Insects

```
X S D L H G T K C A U T R G B
B W A T E R B O A T M A N B A
O A M M L A E W E E V I L Y A
U L S A O S F T S P S A U L R
N L E F Z S L C A X C T R F F
W O L S C H Q I U K H N A N B
G W F E F O U U A T S A P O K
K T L V I P C N I T T D Q S S
A A Y Z O P T K O T N E N B S
D I E L T E E B C Q O R R O S
A L V L F R H E P H U P O D P
C S U V Y L F N O G A R D H A
I Z O D A Y O I S O N F P B U
C R I C K E T E R M I T E T I
C U T W O R M R O W T I U R F
```

BEETLE	GRASSHOPPER
BLACK ANT	HORNTAIL
CICADA	LEAF CUTTER
COCKCHAFER	MOSQUITO
CRICKET	POND SKATER
CUTWORM	RED ANT
DAMSELFLY	SWALLOWTAIL
DOBSONFLY	TERMITE
DRAGONFLY	WATER BOATMAN
FRUITWORM	WEEVIL

Newspapers

```
N U S A D E M A L A Y T O R J
O L A S B A R E Z S H R H A K
L E T L E N I T N E S E H T R
T A I H R R H L T M S A H H O
B P N H E E P R Y P V E P E I
D A B G S F I Y E N U T T A S
R S O U I B R R C N E C I C L
O R N A U S I E I A R W Z O E
C R L N P A E O S A R P S R C
E M E Q S K N H A N E T L N X
R R Z T S E M I T R O M U H E
E L A N R U O J N R U B U A O
H R T M A L I B U T I M E S F
T S O P S A T I P L I M E E I
M S U G R A E H T S O P N U S
```

ALAMEDA SUN	THE ACORN
ASBAREZ	THE ARGUS
AUBURN JOURNAL	THE FRESNO BEE
DAILY NEWS	THE RECORD
EXCELSIOR	THE SENTINEL
HESPERIA STAR	THE SIGNAL
HUMOR TIMES	THE SUN
MALIBU TIMES	THE TRIBUNE
MILPITAS POST	THE UNION
SUN POST	TRACY PRESS

Lizards

```
B F E T R A O R E A S Z D H P
F U U A M A R Z N K M R E H T
D E D R A E B W O J Y Q O Q T
R E A R L E S S S S L R O R S
O L I A T P I H W T N A I G B
N O E L E M A H C E C O V A I
O T Q R L I R R D H O G S M K
Y D S O E E S O U E P I P A S
N L A T Q O B C T A L A I G S
A I R A F W K E S I S Z N A K
C G T G E W F K S A N O Y E O
K U O I A P I K L O M O N A M
A A E L O N A N E E R G M I O
S N L L K U M T U I I J T M D
G A U A E T A L P O G E C K O
```

AGAMA

ALLIGATOR

BASILISK

BEARDED

CANYON

CHAMELEON

CHUCKWALLA

DINOSAUR

EARLESS

GECKO

GIANT WHIPTAIL

GREEN ANOLE

HORNED

IGUANA

KOMODO

MONITOR

PLATEAU

ROSE-BELLIED

SKINK

SPINY

Thanksgiving

```
A F R E E D O M C A Z E Z D W
O P G V I O T Y S M U X E A R
O L G G P O S L L H S U R S E
T Y Y N N J A I S A R X K N K
C M Y C I I E M O R E B R T R
E O C R K S F A L V L R S T S
L U R A P L S F S E T L U L R
E T E N M V P E U S T C Q P S
B H W B U B Y I L T E O I E T
R I O E P C Q V U B S L Z B T
A A L R P D O R A R G O A O C
T R F R H G K P Z R I N O U L
E L Y Y R E N N I D G Y R N X
W U A A Y R U M T A I I F T N
J P M F O U S A I L I F G Y F
```

BLESSING	GRAVY
BOUNTY	HARVEST
CELEBRATE	MAYFLOWER
COLONY	PILGRIMS
CORNUCOPIA	PLYMOUTH
CRANBERRY	PUMPKIN PIE
DINNER	SAIL
FAMILY	SETTLERS
FEAST	STUFFING
FREEDOM	TURKEY

Volleyball Stars

```
K E R R I W A L S H Y G F E Q
C A O L K A I S N E U L F Y E
I T N R S Y Z T I C M L O L N
V F E G Y A R E M E I O H A G
O L G Y I C O V O E L Y S R I
K O A A Z B Z E F R K B I I A
J H H M A M A T I E A A E K P
L Y N Y K O E I R L L L W H S
I M O T Y T R M T L U L A C E
M A V S E N D M I E A M L R D
N N N I T A N O M I C P U A L
A V O M A G A N I R E T A K E
V I R I M O Z S D B S D P C O
I S H E I L L A C A S T R O J
Y E Y C I L Y A N G H A O U T
```

ANDREA ZORZI	LLOY BALL
DIMITRI FOMIN	LOGAN TOM
EKATERINA GAMOVA	MATEY KAZIYSKI
FLO HYMAN	MISTY MAY
GABRIELLE REECE	PAULA WEISHOFF
GIBA	RON VON HAGEN
IVAN MILJKOVIC	SHEILLA CASTRO
JOEL DESPAIGNE	STEVE TIMMONS
KARCH KIRALY	YANG HAO
KERRI WALSH	YUMILKA LUACES

Eek!

```
E P E T R P G G R X T P G Y P
G R V S Q S R R T E Y O B L B
I U A S L C E E O T K K S A E
H J I E P P E E N C R E E K Q
H I E N E E K K G N I K E E R
I K D K E E S C U E B E W S G
S G M E K K A H E E C E E E R
O R V E A I L O I Y P W E N E
N V P M B N A R N A J D K O I
S A A R O G D U C D T I E B K
H P S K O U P S H K S M N K E
S G R O S Y C H E E K E D E E
I K O A G N I K E E S T A E H
R G U U E R B S K W K U T H C
I U A K E G R I P S U S W C S
```

CHEEKBONE	MIDWEEK
CHEEKIER	PEEK-A-BOO
CREEK	PEEKING
GEEKY	REEKING
GREEK CHORUS	ROSY CHEEKED
GREEK SALAD	SEEKER
HEAT SEEKING	SLEEK
HIDE AND SEEK	TONGUE IN CHEEK
LEEKS	WEEK DAY
MEEKNESS	WEEK END

Reality TV

```
C S W O F V I D O L O Y F X L
L T A C T I C S Z U O S A O P
C T E P P T N X G P D S M Z A
U Y M O D R A M A N V M E U O
H V E F E J S U S C I T I R C
S O C N M N D S T R A T E G Y
A T N A O I D P P X Q L A E T
Z I A T T M S U R V I V O R I
W N M I I O R N R E N G A F R
T G O U O E L A Y A R T E B B
L N R Y N S A D V E N T U R E
P H P N S P T P I L S C Z I L
Z V U T Y W Z N T R T I E M E
T R R K S L O I S A L L R F C
P R A B S Q A F T U W H T U R
```

ADVENTURE	LOSER
AUDITION	MONEY
BETRAYAL	RATINGS
CELEBRITY	ROMANCE
CRITICS	RUNNER UP
DRAMA	STRATEGY
EMOTIONS	SURVIVOR
ENDURANCE	TACTICS
FAME	VOTING
IDOL	WINNER

Lovely Lipstick

```
C S T P M H B L S R A R L R U
A M S M O O T H E S P Q L F P
R C U N I C R I M S O N E L R
P E S Y S T V J R T O L U P A
B G M N T V U E R U W M G V V
B U J I U M D N R L P I C C H
U O A T R D E I I I Q R A D Z
S R P A I P S P N P O R B O K
H Z B S Z H P G R L M R M D X
D O H K I E P O O I O H J R I
R B C N N E W C N N K V G U V
S D G C G I S E Z E E V T B I
R S I L K Y P E J R M S A Y W
O L I P B R U S H A D E O G D
V S U A N E S E U R W G J O L
```

BRONZE	PINK
CARMINE	PLUMPING
COLOR	PRIMER
CRIMSON	REDDISH
GLOSS	ROUGE
LIP BRUSH	SATINY
LIP LINER	SHADE
LIP PENCIL	SILKY
MOISTURIZING	SMOOTH
NOURISHING	TULIP

Fashion

```
A S E S S A L G N U S P X R A
N S V D E S I G N E R T S H N
X N C S Z G R O I P O Y U C K
F I O F E N A R H S O K O T L
I U T H A I O T S P R C O U E
T Q B A K S S E R D K C A L B
T E B I S S H N O T J L R C O
E S N E T E M I A Z L G E Y O
D D C T J R U I O E Z E A A T
X C B K D D L Q L N J T B D S
A C G U G R K L I S M E X E U
J T N S I E E M U T S O C T I
R T L N L W T S L R U Z D U T
S C G S H O R T S A R O D E F
E S J M T P S S T U E U B G L
```

ACCESSORIES	FEDORA
ANKLE BOOTS	FITTED
BELT	JEANS
BLACK DRESS	POWER DRESSING
BOUTIQUE	SEQUINS
COCKTAIL RINGS	SHORTS
COSTUME	SILK
DAY CLUTCH	SUIT
DESIGNER	SUNGLASSES
FASHION MODEL	TENT DRESS

The Boss

```
B R E U R B M I H Y R T P T L
S D R F M C H I E F T A I N E
G O V E R N O R A C O I E E A
M N E P L B G A D A P N R D D
U O S X O L T O M P D O E I E
L S P U N W O E A T O R Y S R
S R K V P O E R S A G E O E Y
F E B U A E V R T I E P L R M
H P G N O U R E E N S A P P T
R E T R S A L V R L O H M A A
T R E K A M N O I S I C E D G
P O R G L H T E R S E T C J G
R F D I R E C T O R O E E U D
Q T C O M M A N D E R R R T R
P T P U P R E M I E R U S C H
```

CAPTAIN	GURU
CHAPERON	HEADMASTER
CHIEFTAIN	IN CHARGE
COMMANDER	LEADER
CONTROLLER	OVERSEER
DECISION MAKER	POWER ELITE
DIRECTOR	PREMIER
EMPLOYER	PRESIDENT
FOREPERSON	SUPERVISOR
GOVERNOR	TOP DOG

Common Birds

```
H U M M I N G B I R D M Z P I
L S B A S R N R D G U O P H P
S X U L B L U E J A Y C U O T
T T E R U T L U V Y E K R U T
E R B C H E O B O I L I P S O
E G K A E T B C I D L N L E K
D O W R R E D I R T O G E S C
A L A D R N T O R O W B M P R
K D H I I O S I O D W I A A U
C F T N N N B W H W A R R R J
I I H A G O S I A W R D T R S
H N G L G E Z W N L B G I O C
C C I G U G Y H C S L O N W T
Y H N F L I C K E R E O B M J
B U U T L P C Y O R R I W A R
```

BARN SWALLOW	HOUSE SPARROW
BLUE BIRD	HUMMINGBIRD
BLUE JAY	MOCKINGBIRD
BOBWHITE	NIGHTHAWK
CARDINAL	PIGEON
CHICKADEE	PURPLE MARTIN
CROW	ROBIN
FLICKER	TURKEY VULTURE
GOLDFINCH	WOOD THRUSH
HERRING GULL	YELLOW WARBLER

Jazz Music

```
R U C Y R R L D S J E H L V S
P C P O B E B I W M I N O R B
Z M C R Z L M M D B N V E E T
R B A L L A D I E L T F E X P
T W O Q K C N N T U E A A T N
A N G P U S U I N E R K O E S
P R P C T D O S E S L E T N Y
R A T O H E S H M A U B J S I
I U M Q I R A E G C D O U I T
F P A E A E O D U G E O P O A
F H J S R T P M A S N K B N D
B F O E V L D N A B G I B S R
S O R N S A R O H T R K W L V
A A Z V A Z J A M M I N G S F
B R P I P O O E Q H P C S O Y
```

ALTERED SCALE	FAKE BOOK
AUGMENTED	INTERLUDE
BALLAD	JAMMING
BEBOP	JIVE
BIG BAND	MAJOR
BLUES	MINOR
CHROMATIC	RIFF
DIMINISHED	SOUND
DOUBLE TIME	STOMP
EXTENSIONS	SWING

Pink

```
D R W I E R O O M A I C E L A
O F G F L D A E D T O N M I J
O H A N U T R Y T H I S O Q U
T L A M O N X P S U L O H O S
Z U G L I R H O O A S N E R T
A C U Y T L W O S T R G M T L
D S O Q R H Y T U P W W E P I
N K E S A A T P O S H R K L K
U R L T B O I P O O E I A F E
S K B M K D R D K R F T T B A
S H U N G O L N R V T E T T P
I N O I C F E J U A C R N L I
M W R K P W S I N G E R A O L
Y L T Z R U S A S K F D C I L
S A A I N O G U O Y E R E H T
```

ALECIA MOORE	ONE FOOT WRONG
CAN'T TAKE ME HOME	POP ROCK
DEAR DIARY	SINGER
FAMILY PORTRAIT	SO WHAT
FUNHOUSE	SONGWRITER
I'M NOT DEAD	STUPID GIRLS
JUST LIKE A PILL	THERE YOU GO
LAST TO KNOW	TROUBLE
MISSUNDAZTOOD	TRY THIS
NUMB	WHO KNEW

Alcoholic Drinks

```
L O O S T L G W Z U C S L Z J
Y Z D T K D L S U O T P X W D
B E V C S Y E L I A B I B A R
Y L K Y U C C N U A N N M T Y
V A B S I N T H E E Y A O J M
O T E E I R U M A N D C O L A
D W I N E H W B T G P O N G R
K F D A R R W O I A R L S G T
A C U B M A S U R P L A H R I
I L Z O T T E R A M A D I A N
L I I V T C B B G A G A N A I
L R N U R I P O R H E P E G E
L P L N Q D J N A C R O W C R
E Q I G V E A O M S R T J L S
H T P V S R T E M M A H S V A
```

ABSINTHE	MARGARITA
AMARETTO	MOJITO
BAILEYS	MOONSHINE
BEER	PINA COLADA
BOURBON	RUM AND COLA
CHAMPAGNE	SAMBUCA
CIDER	TEQUILA
COINTREAU	VODKA
DRY MARTINI	WHISKEY
LAGER	WINE

Governors Of Florida

```
P L P Z T S R C H W H U G E S
U I A Y T D O R A E E S O P U
I T S B F S L I K K O B V T K
R C I H U X Z S M S S P S H P
N O S X I M W T N A Y R B W F
O N E N V A P Q L O H L T O E
T E C E R E Y U F O S A J Q O
L Z R R D U N Z L R H N R C O
R E E Z M R B L T B U S H G B
A N P N G C A U Y P M I T O R
C O L L I N S H T L L C T K J
I O P K D T G O Y E H E G L S
I G I L C H R I S T R H S E S
A T P C R T R A M M E L L P C
S W R C H K T I M A C K A Y H
```

ASKEW   GRAHAM
BRYANT   HARDEE
BURNS   HOLLAND
BUSH   JOHNS
CARLTON   MACKAY
CHILES   MARTINEZ
COLLINS   MIXSON
CONE   SHOLTZ
CRIST   TRAMMELL
GILCHRIST   WARREN

Cooking

```
E E G W K B I H Z R H C P V F
Y X Z H O C S C A L E S I H R
S Q I I A P L N D J C E R J D
E E L S L R L A D P E E D E I
B B S K E E X L R L C R E Q Q
M L Q I W P M B C I A P K Z N
A E U N A A A A P H F U O O Z
S N A G P R S E R R S Y O T S
P D N L T A B H Y A C U C S G
I E T F T T M R I L C U R E K
A R I C H I F F O N A D E B E
K J T I X O M R O F G L V A O
B Y Y I H N S E Z C R U O S R
U S N U Q O T P Z D T Y P T S
L G T S A T I J E K R H C E Q
```

BASTE	DEEP-FRY
BLANCH	MEAL TIME
BLENDER	MIXING
BOIL	OVERCOOKED
BRAISE	PREPARATION
BRUSH	QUANTITY
CARAMELIZE	RECIPE
CHIFFONADE	SCALES
CLARIFY	WASHING UP
CURE	WHISKING

Connecticut Stars

```
M N I V E L A R I G I J E C T
B E C K I N E W T O N R D A L
D N A N H G U A V O M T B R C
U A J T I T H G I N K D E T M
L L I O L K O E R A T K G C M
T R F Y R O K R H I E X L A A
S A I B R P A P P V B L E R R
N F D U G N R F I I M U Y N K
A C V J G L E N N C L O S E T
Y A L U C I B H B A A I B Y W
R M I C H A E L J F O X H Y A
G H E R C L R S Z J B O F P I
E T I O L P A U L N E W M A N
M E N E U K I Q S P P A C L A
D S P A U L D A N O D T E G S
```

AL CAPP	MEAT LOAF
ART CARNEY	MEG RYAN
BECKI NEWTON	MICHAEL J. FOX
D. J. CARUSO	MO VAUGHN
ED BEGLEY	MOBY
GLENN CLOSE	PAUL DANO
IRA LEVIN	PAUL NEWMAN
J. J. HENRY	PHILIP ROTH
KEVIN BACON	SETH MACFARLANE
MARK TWAIN	TED KNIGHT

Occasions And Gifts

```
R R R G S R E H C U O V N A H
N T E V S A M T S I R H C I V
L L P R C E L E B R A T I O N
N H A O D B A T G N Z O R C L
O A P E P Y L P N W P Y O U S
B Y G B K D Q I I P M S X C G
I I N S K D V N N B M U S H N
R P I Q C E E W E E R R L A H
T R P B R T C T T Y S N A M A
H J P S Y W H I S K E Y P P M
D B A T U T C O I S H K T A P
A R R E O S A N R C T A O G E
Y A W W A P S T H F O Q P N R
P Y A I L C H O C O L A T E S
J P H W E D D I N G C R L U C
```

ANNIVERSARY	LAPTOP
BIRTHDAY	LUXURY SOAP
CELEBRATION	PARTY
CHAMPAGNE	TEDDY BEAR
CHOCOLATES	TOYS
CHRISTENING	VOUCHERS
CHRISTMAS	WEDDING
CLOTHES	WHISKEY
COSMETICS	WINE
HAMPERS	WRAPPING PAPER

Armor

```
T B A R B U T E V W L G S L O
A G R E A V E S B S A R K K F
O A V I S O R J S U O E R W A
S R I S C H Z U N P C A E I P
W O H C I A I T P D H T B S I
D K A C N T L E A V A H U I T
M P R E E E Z J L L I E A F H
B L N I T Y S S P D N L H B I
R S E S S B N T C S M M B E Z
T M S A A G S W E G A S E B S
P E S M T A R T C T I L M T I
J W G U E H G E E M L B L R I
T E M R A T E M L E H O R E S
T K B A O A H R Z S L Y R A T
O J E I I G E E I L X E V C R
```

ARMET	HARNESS
BARBUTE	HAUBERK
BASCINET	HELMET
BESAGEWS	LEATHER
BREASTPLATE	SALLET
CHAINMAIL	SAMURAI
GAUNTLETS	SHIELD
GORGET	STEEL
GREAT HELM	SUIT
GREAVES	VISOR

Clothes

```
R Z N S O C K S I I H Z Y U L
V E L B T H Q E A L T B S U P
K V P L E O C A W W A S K Y D
P E R O K P N N U W U I I D Q
B N D U C O Y O O O L Z R R E
I I R S A H P V M P D E T E E
S N A E J R E N G I S E D P G
O G T S Q R N A S S K Z X M K
Z D O A A U R K S H E I C U Q
Y R E L E M P H P P O L T J T
K E L H E V I S A Q S R O R G
R S S N T R A I N C O A T O E
M S T R T A O C T S I A W S A
L S O Y E U J I S C S N A Q W
Q M I R T J Z R V P W L U W E
```

BLOUSE	LEOTARD
DESIGNER JEANS	OVERALLS
DRESS SHIRT	PANTS
EVENING DRESS	PONCHO
GARMENTS	RAINCOAT
GOWN	SHORTS
JACKET	SKIRT
JERSEY	SOCKS
JUMPER	TUXEDO
KIMONO	WAISTCOAT

In The Newspaper

```
G P U Z Z L E S N O O T R A C
O O S T R O P S C A I T D O B
G N S A J E A R A I O L M U E
S R M S F A H R G T T M S P S
T E L U I T E T V A E I G T C
N V U K L P Q G A N N P L A S
E I M T O O U N T E A Z L O M
M E R R Y I C A S N W N V K P
E W T O D I R S E L C I T R A
L S W E N Y T I R B E L E C I
P D S P E C I A L O F F E R S
P A R A G R A P H D T W A Z O
U B I L L U S T R A T I O N S
S T N E M E S I T R E V D A H
C W W L E T T E R S P A G E Y
```

ADVERTISEMENTS	PARAGRAPH
ARTICLES	POLITICS
BUSINESS	PUZZLES
CARTOONS	REPORTS
CELEBRITY NEWS	REVIEWS
COMMENTARY	SPECIAL OFFERS
EDITOR'S COLUMN	SPORTS
GOSSIP	SUPPLEMENTS
ILLUSTRATIONS	TV GUIDE
LETTERS PAGE	WEATHER

Comedians

```
E D D I E M U R P H Y E B B L
C L D J A C K B E N N Y I T S
N E B T O T I E F I E L D S Q
O F E I N N C Q A E L Q M N S
T N R M E A S C Z Y F A T A R
L I N A L D C T C G I E G M E
E E I L Y A D R E L K B A T V
K S E L A M Y T L W B U T L I
S Y M E J S H I E P A T Q A R
D R A N T A W K R P A R L F N
E R C A E N N A E S O R T F A
R E L L I D S I L L Y H P E O
X J G B I L L C O S B Y B J J
G E O R G E B U R N S G H O R
V R E C U R B Y N N E L O A B
```

ADAM SANDLER	JERRY SEINFELD
BERNIE MAC	JOAN RIVERS
BILL COSBY	JON STEWART
BILLY CRYSTAL	LENNY BRUCE
BOB HOPE	PHYLLIS DILLER
EDDIE MURPHY	RED SKELTON
GEORGE BURNS	ROBIN WILLIAMS
JACK BENNY	ROSEANNE
JAY LENO	TIM ALLEN
JEFF ALTMAN	TOTIE FIELDS

Monstres

```
O A N M N A M Y E G O B S C A
G T B V L A O S P V S O F E A
O D A A I N H Y D R A S R H I
P N N M F W O T K G N D L B T
O E S P R L J G A F R L U Q Q
G U H I P P O G R I F F K G A
O W E R N B G W B O V T F R I
A G E E L R R R E O G E H P P
U Y I I E N E K A R K A L S R
I G N D N D P V R T E Y L M T
R A W I N A C S Y T I W U A Z
R C P U L E S P P W B M I E T
B G H O U L W A R R M U X P L
I T Z L R N L E A Y O P I R N
G I T X H R V S H S Z R P E I
```

BANSHEE	MUMMY
BOGEYMAN	OGOPOGO
GHOUL	OGRE
GOBLIN	PIXIU
GORGON	THUNDERBIRD
HARPY	VAMPIRE
HIPPOGRIFF	WENDIGO
HYDRA	WEREWOLF
KRAKEN	WYVERN
LEVIATHAN	ZOMBIE

Tropical Storms In Arizona

```
A P V U H X L U E B S O R B H
D E A R A Y M O N D O R E E N
P P Y E T W A E E N O R M A S
F O S T G W A C O N R H I N N
O V W S R E L C I F N E K S O
V Y E E K A T R I N A A X O O
S N M L U A M N O C T T O A H
H D R D V L I R O H P H O J Y
M N I E E S A T L T C E V U N
A A A F I T Q E O E E R S A U
K L S S W V E T F O A O E U H
V V H R R N A F A F Z M O R T
U C R O T G R J U L I O S T E
F X I E R P V M J L L T Y I M
E W F G P N R A Y J Q T C L A
```

BORIS	JULIO
CLAUDIA	KATHLEEN
DOREEN	KATRINA
EMILY	LESTER
HEATHER	LIZA
HYACINTH	MARTY
ISIS	NORA
ISMAEL	NORMA
JAVIER	OCTAVE
JOANNE	RAYMOND

State Flowers

```
R A P H M A Y F L O W E R B Z
E P E O N Y P P O P L A I G S
W P D L T S L O W G X T C L N
O L I W D O R N E D L O G M R
L E R U A L N I A T N U O M O
F B E S O R E E K O R E H C H
A L W G A T F X M T U P C R T
C O O S N G I L S T E A N L W
C S L A R A E C A M E L L I A
U S F E S H R B K K T G O D H
Y O N L P G T O R S E S R I K
U M U A I U T X K U E I S O V
G M S Z B O L S E C S E R R F
O V M A G N O L I A O H D I S
C R J E O T E L T S I M S T S
```

APPLE BLOSSOM

AZALEA

CAMELLIA

CHEROKEE ROSE

DWARF LAKE IRIS

FORGET-ME-NOT

GOLDENROD

HAWTHORN

MAGNOLIA

MAYFLOWER

MISTLETOE

MOCK ORANGE

MOUNTAIN LAUREL

PEONY

POPPY

SAGEBRUSH

SUNFLOWER

TICKSEED

VIOLET

YUCCA FLOWER

Strictly Business

```
T M S X D G R M A N A G E L R
T A I N V O I C E S Q W M S L
A M I P G S R L J E A P S R K
D E L I V E R Y D A T E L M X
M Y E U H P X A R Q C I A T W
A C Q U I S I T I O N C N M W
R N A F E L N H R R C A V G R
K L O L S T V P S O Z F E R S
E L A I X I E F U R X U Z P A
T S O N T U S N G A E N I R L
I E Q R D O T Y D D U D N O A
N S O E A I M U L E G S A J R
G L G G N M E O N A R V G E Y
A T H G R M N T R E N D R C L
S T E G R A T S Z P A A O T P
```

ACCOUNTING   MARKETING

ACQUISITION   MEETINGS

ANALYSIS   ORGANIZE

DELIVERY DATE   PROJECT

DUE PROCESS   PROMOTION

FUNDS   SALARY

INVESTMENT   SALES

INVOICE   TARGETS

LEADERSHIP   TENDER

MANAGE   TREND

Homes

```
J K E V O K X B E Y P K T S S
E I F I K V U C C W C I P P O
N C K L W N R O N A M H W M U
M O C L G I E S H S S O E N A
Y N I A B T V S A P S T R O Q
T D L S T L F A M O T E L Q P
S O G H N U A I S V M L O E J
W M W R L A R L Q A A U N V P
Q I X N C N M T I S C T I X A
E N V I H O H S R N H Z B F J
G I H T A O O T T O Q U G W L
P U J N M N U L U D N O O H S
L M B E B N S S G K O V O E I
K G I T E D E M E I S I S F R
A Z S L R D F R I U M N H J S
```

BUNGALOW	IGLOO
BUNKER	MAISON
CASA	MANOR
CASTLE	MANSION
CHAMBER	MOTEL
CONDOMINIUM	PENTHOUSE
CRIB	SHACK
FARMHOUSE	TENT
GITE	TOWN HOUSE
HOTEL	VILLA

```
E I S S R X T A D U M C C D A
L A N D M A R K S D N E I R F
R I O E T A T S R E T N I O S
V G A S S T O P S T E L T O A
A E N T S R L R O R E O Z G D
C R U I S E C O N T R O L E V
A I E N E T I T P G S D S D E
T T E A P E S R N E P T E B N
I T B T S Z S I O M N T S Z T
O A A I A U V T R M O R S E U
N L I O U I M L H U E T O R R
W F F N R R E M R G O M E A E
F Y H D T U R Q E I I T U L D
V S T Q C O U N T R Y S I D E
L A M T M P Y O Z H O R L G A
```

ADVENTURE	INTERSTATE
COUNTRYSIDE	LANDMARKS
CRUISE CONTROL	MEMORIES
DESTINATION	MOTEL
DETOUR	OPEN ROAD
DINER	REST STOP
DRIVING	SIGHTSEEING
FLAT TIRE	SUMMER
FRIENDS	TOURISTS
GAS STOP	VACATION

They Make Guitars

```
D N R J U A N O R O Z C O L G
A I L E I L A B E L A R F P I
N W Y E L I A B N H O J R E Q
A R T D Y E L P I R E V E T S
R I R G E O R G E L O W D E N
M G E D A L E H Y A T T H C A
S U Z P A U L H A M E R E O E
T O N Y Z E M A I T I S D R B
R D A H C R I B N H O J G N S
O V M S O A U P E G R C E I I
N P A U L F I S C H E R S S V
G L D F O G D X I O V J T H A
W N N S L L I G C M L U A P R
E R I Y U R I L A N D M A N T
C A L A R S J O N S S O N N S
```

DALE HYATT	LEILA BELA
DAN ARMSTRONG	LINDA MANZER
DEL LANGEJANS	PAUL FISCHER
DOUG IRWIN	PAUL HAMER
FRED HEDGES	PAUL MCGILL
GEORGE LOWDEN	PETE CORNISH
JOHN BAILEY	STEVE RIPLEY
JOHN BIRCH	TONY ZEMAITIS
JUAN OROZCO	TRAVIS BEAN
LARS JONSSON	YURI LANDMAN

Basketball Hall Of Fame

```
A L P E P A M F P P E U T Q T
Y T R L E J R G V C B J Y C G
E J O H N S O N M J O R D A N
L I S I I T T I O W O R A J P
K T D D H O S W S G E D C L E
R S R P G C E E O X A R W F L
A T O A E K L P L N A O F L L
B Z B U N T I E T W O U E B X
C S I V E O R L F D T I J I S
M C N T M N E O A I T J D R W
I I S D D Y R R V H P B U D A
L W O P X D D T J I I Z M J L
L R N A V O N O D A C M A D F
E E W V R E H P L O D U R M H
R I R Y C Y H E D I F A S B Q
```

A DANTLEY	J CRAWFORD
A DONOVAN	J DUMARS
C BARKLEY	J STOCKTON
C DREXLER	L BIRD
C MILLER	L LEITH
D MENEGHIN	L WOODARD
D PETROVIC	M JORDAN
D ROBINSON	M RUDOLPH
E JOHNSON	P EWING
E STORM	R MIHALIK

Trick Or Treat

```
L U I I X Z R I E P S U D R E
A M D T T O T R J R J A C N E
C E O P B M E A A P I Q U M P
T M S I R B Y T C A A P K U T
R U S U O I R K K K N Z M R S
T T D T O E U Q O N C P O A G
A S C O M H U R L O K A K A V
F O Q S S N D O A I P G L T I
M C E K T T D E N A I S S B R
L Y Y S I S R E T S N O M H W
U D R A C U L A E N H C T I W
O N Y M K R Y T R G U S Z S U
H A L L O W E E N I P A R T Y
G C O X R O S S L I R U H U C
J Y B U Q G W L A D C A P D F
```

BLACK CAT	MASKS
BROOMSTICK	MONSTERS
CANDY	OCTOBER
COSTUME	PARTY
DRACULA	PUMPKIN
GHOST	SPOOKY
GHOUL	VAMPIRE
HALLOWEEN	WITCH
HAUNTED HOUSE	WIZARD
JACK-O'-LANTERN	ZOMBIE

Knitting And Sewing

```
V W M C G E S K T S I V T A P
G W E Q R G H I S A L O T E R
N Q U I L T I N G N I W E S S
I N C R E A S E S A E R C E D
T C C S F P U O Q L E S A L H
T N R W U E S R R S M F Y B A
I A O B P M T C L X E F R M S
N I C I M E Q I I X A T E I U
K S H R H A P T N S A R D H E
R A E A T S T P T K S R I T T
X S T L T U U E G R E O O H A
N X Y I D R N C R A A L R A O
L U T A L E L V N I U E B S F
R C I O R T E P L I A G M A D
H Y D X C N P N Z D P L E G C
```

CABLE KNIT	PIN CUSHION
CROCHET	PURL
DECREASE	QUILTING
EMBROIDERY	SCISSORS
FASTENER	SEWING
GAUGE	SLIP STITCH
INCREASE	TAPE MEASURE
KNITTING	THIMBLE
MATERIAL	THREAD
NEEDLES	YARN

Republics

```
P M A H X E S I A N E R I A Z
Y S A W A R Y H O I Q R L K Q
D A H C N I O C M C T I A Q D
H A R G E N T I N A S I J L L
F R Z D D D P I Z R P A S I A
A G S U E H O F P A B V T M V
T L R G W A L N I G E H T T R
Y A Y C T R S J I U U R U D B
S P P O T N A J I A B R E Z A
T E S M U S U I N D C E S S R
I N D O N E S I A I N O N S P
N I S R I L A N K A C U L E N
B A Q O S A A C B U X F R T P
S Q E S I B C W B G S U Y U K
G H A N A I L A M O S T U U B
```

ARGENTINA	INDONESIA
AZERBAIJAN	LITHUANIA
BURUNDI	MACEDONIA
CHAD	NEPAL
COMOROS	NICARAGUA
CUBA	PERU
EGYPT	SOMALIA
GHANA	SRI LANKA
HAITI	TUNISIA
HONDURAS	ZAIRE

Opossums

```
T Y R A L S A Y A B O O D K G
A H R E S U O M S U O F U R A
A I W E R H S Y K S U D A N A
T W G E I F V S S H S L P S A
H O R I R G T D R Y S A A D A
I O A C E H S L P T T G W E I
C L Y O T S S A O A V T H P N
K L M M A U U N G I O V I I I
T Y O M W S S O R L L N T R G
A M U O S M N R M E B E E T R
I O S N O I F W I D H A E S I
L U E U A Z R S A Y E T A E V
E S S N A I V U R E P R R N K
D E R B Y S W O O L L Y E O E
A T B C B I G B E A R E D T N
```

ALSTON'S MOUSE	PERUVIAN
BIG BEARED	RED MOUSE
BUSHY-TAILED	REIG'S
COMMON	RONALD'S
DERBY'S WOOLLY	RUFOUS MOUSE
DUSKY SHREW	THICK-TAILED
GRAY MOUSE	VIRGINIA
NORTHERN SHREW	WATER
ONE-STRIPED	WHITE-EARED
PATAGONIAN	WOOLLY MOUSE

Hand Tools

```
B C S T S Y P L A V A D A T R
C U S P U N C H I M Z B W I Q
W T A U A T I F P R E M M A H
R T R L U N A I R E A N T J O
E E M A E N N L O P E E E R I
N R V B V S V E T I L C X E S
C S H I I E I Y R L H L D L R
H S C U R S L H A A F A I U G
R E U N J D U M C C S M T R D
R S R R W E W K T K F P E R D
S S R Z R Y S E O T L Z R I G
Y A T U U A T M R I P S A W S
N T T Z W A G A E C S E X R I
O S U T L T K R P S S L A P D
R U T S R E S N G S P O O N S
```

ANVIL	PLIERS
CALIPER	PROTRACTOR
CHISEL	PUNCH
CLAMP	RAKE
CUTTERS	RIPSAW
DRILL	RULER
FILE	SCREWDRIVER
HACKSAW	SPANNER
HAMMER	VICE
MALLET	WRENCH

```
S G V X U P Y U U I M R Q X O
R R W S D S C T A L G Y D J Y
A T R S E M E M E S J U R H E
X J A S I B T A R O T O R R S
T A R C F A T L R E R Q Q A R
L C I V I C O A D O P H G B R
J R E F E R C Y T U A A T R A
B R E D D E R A L N S A P R D
M T G A C V T L N E D T A E A
T A A A N O U A D P V X B V R
A D R I R P H M R O O E T R D
H H D R U E N R I S Y Y L O T
U I K K A Y A K M N L W S W E
E B T E E M A D A M I Z M X H
S R S S F E N E U E U M W Z S
```

CIVIC	PULL UP
DEIFIED	RACECAR
HANNAH	RADAR
KAYAK	REDDER
LEVEL	REFER
MADAM	REPAPER
MALAYALAM	ROTATOR
MARRAM	ROTOR
MINIM	SAGAS
NAAN	SEMEMES

'C' Mythical Creatures

```
R C J Y T U O X C Z V A Y U I
D S A U S A L I T O N A C C C
O P T H S O R M A H C H C H F
G O A I R A C J B H A O E I P
F L Y M E X C C A N C P A T C
O C T B B H O R G K I V R A R
C Y D U A B Y E A C D C L U O
E C K K L B L T H L L A X L C
N E O Y D I R A N U D N B I O
T R N I N I N N C R U D K B T
A A S G C E Y B I A W I H T T
U S L E Q T U U L T D L S T A
R T I U L R S L C R I E R R T
T E E T R G L L N U R J J U U
P S G M O R T D C A C A T O J
```

CADEJO	CHARYBDIS
CALADRIUS	CHEPI
CANDILEJA	CHITAULI
CANOTILA	COBLYNAU
CENTAUR	COCKATRICE
CERASTES	COFGOD
CHAKORA	CRETAN BULL
CHAMROSH	CROCOTTA
CHANEQUE	CUCUY
CHANGELING	CYCLOPS

```
G C C R Y P T O G R A P H Y K
U N B R E A K A B L E C O D E
A V I N Y H L E L D R I U R Y
E S N K O P P G T Y Z L L O G
L C E P A I T I O A C K T W U
L I Z C R E T A C R V A T S E
L T Z S R O R P N A I I P S S
K A S A N E A B Y A M T R A S
E M Y P O R T N E R L G H P I
Y E K C I L B U P D C Y I M N
W H S A H Y A W E N O N S N G
O T R B R U T E F O R C E I E
R A T B E A L E C I P H E R S
D M F D K T X E T N I A L P O
N O I T U T I T S B U S I I T
```

ALGORITHM	KEYWORD
BEALE CIPHERS	MATHEMATICS
BRUTE-FORCE	ONE-WAY HASH
CODE BREAKING	PASSWORD
CRYPTANALYSIS	PLAINTEXT
CRYPTOGRAPHY	PRIVATE
ENCRYPTION	PUBLIC-KEY
ENIGMA CIPHER	SECRET
ENTROPY	SUBSTITUTION
KEY GUESSING	UNBREAKABLE CODE

Making Jam

```
L B W R Y J T W N L Q R B G U
R G N I N N A C A G I P Q I H
C J Q A S T I U R F O D T A T
Q N O O P S Z L R T A L S C S
C V Y L L E J D S R O A E X X
X D M L S L G S E U Y B T I P
N O B W T H E R M O M E T E R
F S J A E R L N A N A L I H E
U R A C R S C N N L A N N J S
Y S A O I N R R L U R J G X E
S D E V L I I A A A F A H T R
O N Y E I Q C T J Z A M G S V
Q R T R Z E X D C I A Q A U E
S P V S E L A C S E S I R J S
H J C R I G W E I R P Z E B G
```

CANNING

COVERS

FRUITS

JAM FUNNEL

JARS

JELLY

LABEL

LARGE PAN

LIDS

MUSLIN

PECTIN

POTS

PRESERVES

SCALES

SETTING

SPOON

STERILIZE

SUGAR

THERMOMETER

WAX CIRCLE

Primates

```
L H L B B N R V I W S R S R C
G U E N O N Z S T U W O G J T
I O N E O N M Y E S M C P T K
B S K T Z O O P L S K O R B G
B E R C T N B B M S N L R U T
O S I F A K A A O G E O Y S L
N R T D S B R P B O E B H S S
J E A V H M R K M R G U D V A
Y E K N O M R E D I P S D H S
R X R S G P T O V L H S F D Q
U H E O U U U F P L U C N W Q
G T E R F C T D Y A I A A P Z
N E M S G A L A G O A S U C S
A C A P U C H I N I R A M A T
L E M U R S R R O C C H K T T
```

BABOON	LANGUR
BONOBO	LEMUR
CAPUCHIN	MARMOSET
CHIMPANZEE	MEERKAT
COLOBUS	ORANGUTAN
DOUC	RHESUS
GALAGO	SIFAKA
GIBBON	SILVERBACK
GORILLA	SPIDER MONKEY
GUENON	TAMARIN

Mammals

```
E Z S S V Q H F L O W Y A R G
A M E I U X O F C I T C R A R
L O N T U R T A N T E A T E R
A U A K T P L Q X R L S D B Y
P N C A U H E A G N U F D K I
A T U D N A A E W V O M T C A
K A E E D W O U H X R S E A O
U I W E R H S Y K S U D I L G
P N F R A K O H T O L S S B I
H L A E S T N A H P E L E I B
S I U A H L E A N E T R A M U
X O H A R B O R S E A L A D R
K N I M E P T O A R H F Z M T
P A Y E W E R H S R E T A W W
R J E L M L J U T O P O X P N
```

ANTEATER	LYNX
ARCTIC FOX	MARTEN
BISON	MINK
BLACK BEAR	MOUNTAIN LION
DALL SHEEP	RED FOX
DUSKY SHREW	SITKA DEER
ELEPHANT SEAL	SLOTH
GRAY WOLF	TUNDRA SHREW
HARBOR SEAL	WALRUS
LEMUR	WATER SHREW

Minerals

```
A L A B A S T E R U S E D C P
D N S H E A M R O R M J B Y Z
F H D I A M O N D X T E R U T
H C C A R N E L I A N I K U N
N I W O L F R A M I T E C T I
T N I L F U S E V E W M D B I
N N L Y O N S I T E Q H W S B
S A L A C I L I S I S E V O G
W B Y J Q O L Z T G M S R U E
S A N T L E R I T E Y A W X W
T R S Z U V A R L D X P D A C
N V Z C A P C C Q R E P S A J
E T I T A P A O T C W X J U C
W T W N L E O N Q U S P R L M
E M I P T Q A T W S X X F S R
```

ADAMITE	GYPSUM
ALABASTER	JASPER
ANDALUSITE	LEUCITE
ANTLERITE	LYONSITE
APATITE	OLIVINE
BORAX	PYRITE
CARNELIAN	SILICA
CINNABAR	TOPAZ
DIAMOND	WOLFRAMITE
FLINT	ZIRCON

Mayors Of Harvard

```
Z T W O M W J U P B J R I K A
M I I D M L V R S W T L M O A
B S W O U I E S L R O V W S R
U T E G C E Z H E N R I C K S
E N F K N F A L K O W I T Z R
E H E R R I C K Q S U T A T O
W R L Y E L N A M P D H D V O
S A S X N B O N Y M S R D Q R
W N L I D Q P S E O K V T A Y
T A O L R H O R N H R X Y O A
S P G E A R U W E T P V P T K
S P U L G H O V E N L N U A X
C Z E B A C C M W K T S D X P
J N O X A M N T S R A F T O Q
G P K I Y P I N X J P L I P T
```

FALKOWITZ	LEFEW
GARDNER	LOGUE
GODO	MANLEY
HALL	MAXON
HELM	MCCABE
HENNING	MORRIS
HENRICKS	PHALEN
HERRICK	SWEENEY
IFTNER	THOMPSON
LAKE	VICKERS

Feeling Strong

```
S F Y P Y T H G I M I W A R D
V V S E A B R O B U S T P S E
S L R O Y D A E T S T R O N G
F V A T H L E T I C S S W C G
H C N U A T S E C U R E E R U
K A X N C W N U S L Y N R L R
U R W L A E X A O A E I F D X
A D R U P L E Z N R D D U U K
S H E F A L T V G I O Y L J T
H G O E B B J E I L M G E E P
E G Z C L U T C H T T O I R I
S N U R E I N F O R C E D V Z
E Z X O C L Z Y S M I A L T T
D P I F T T E N A C I O U S A
N D P G F T B U H W O U F S R
```

ACTIVE	ROBUST
ATHLETIC	RUGGED
CAPABLE	SECURE
DOMINANT	STAUNCH
ENERGETIC	STEADY
FORCEFUL	STRONG
MIGHTY	TENACIOUS
MUSCULAR	TOUGH
POWERFUL	VIGOROUS
REINFORCED	WELL-BUILT

Violets

```
W T C A L I F O R N I A R H Q
E Q J F L O V E L L S U R L G
R P M A M A R S H B L U E P R
C T T E I M K C W I X I B A C
S U S L S E G A H U C S H J T
J A I E A R H L I P R R O U K
L R N G B I N A T S H E I A U
I D A D U C W M E R W K P A M
S E S E T A N I M U C A Q O I
H G E W T N A N R R E B M E F
J N T U E D A E O S D V L P F
U I A I R O L U H G I E A W T
R R S B F G N I D A E R P S U
I F A E L W O R R A T R E S R
A M S R Y E L L A V O U O N R
```

ACUMINATE	LOVELL'S
ALAKAI SWAMP	MARSH BLUE
AMERICAN DOG	OREGON
ARROWLEAF	SAND
BAKER'S	SPREADING
BUTTERFLY	TEIDE
CALAMINE	UTAH
CALIFORNIA	VALLEY
FRINGED	WEDGELEAF
HILL	WHITE

Knots

```
T U T O B W S B T B U G A B I
A K Z T D O W I R P A O R C U
B O J Y H A W R Y R S E S S T
R T T P S P A E T G E W Z B L
R U U Y U V O L N F A W A I A
W A S R U D P I L L S R P O G
A L D A Y O N D L A Q R B S M
M E P U M N D A U T U L O O P
D U T H U M B X H O A T U D R
A Y F R E N C H S R R S K I E
Z R N O B O W L I N E H R V T
P C T N N K I O K T I V S Z A
U X H U A P I B F E C X O E W
R U A L B R I G H T A H L D M
S I K P O T G V G J S T F D T
```

ALBRIGHT	MOUSE
ARBOR	OVERHAND
BOWEN	REEF
BOWLINE	RUNNING
FLAT	SHROUD
FRENCH	SLIP
GRANNY	SQUARE
HITCH	THUMB
LOOP	WALL
MESH	WATER

Astronomy

```
R N S I A Y R L R I A P E Y U
A B U D A Z I M U T H A R A A
I K Y R S B H R I N G S E U I
B U E R T F K T D Q A H D V E
C E W S E R O Z S V X R G I U
C K P S R A T S Y R A N I B C
C O M A O W T S S T M Q A X S
A E M T I D B U S U S P N R R
P A O E D D P N S G N P T W A
N Q M E T E O R P U L S A R L
E A J O R R Z Z T X O T P C L
B X P N T E L E S C O P E O E
U R O U B U U A H G G P L N T
L V E L O H K C A L B O I T S
A N O R O C O P K A B V S O H
```

ASTEROID	NEUTRON STAR
AZIMUTH	PULSAR
BINARY STAR	RED DWARF
BLACK HOLE	RED GIANT
COMA	RINGS
COMET	SPACE
CORONA	STELLAR
LUNAR	SUNSPOT
METEOR	SUPERNOVA
NEBULA	TELESCOPE

State Flora And Fauna

```
W G M O U R N I N G C L O A K
L N E E D L E G R A S S O K A
D I A N A F R I T I L L A R Y
F W T R L A A M A R G E U L B
I G K T M A N T I S R B I O H
R N A X L M D H B T I N J A H
E O R U K E O Y S G D A W H V
F L N L L N B R B I X K I C I
L A E A E F I L A U W K L R C
Y R R Y S A U N U A G U D A E
W B B G H E G N S E L W R N R
A E L A S R M P P X S D I O O
E Z U T A Z V E L G G T C M Y
W K E S R E N R A D N E E R G
L M S I D E O A T S G R A M A
```

BIG BLUESTEM

BLUE GRAMA

DIANA FRITILLARY

FIREFLY

GREEN DARNER

HAIRSTREAK

HAWK WASP

HONEY BEE

INDIAN GRASS

KARNER BLUE

LADYBUG

LITTLE BLUESTEM

MANTIS

MONARCH

MOURNING CLOAK

NEEDLEGRASS

SIDEOATS GRAMA

VICEROY

WILD RICE

ZEBRA LONGWING

Collective Nouns

```
A Q I I X B E T O T W P K I T
P Y U L J Z P P I A R F E C D
N I A H C D T R S E A U T P T
L E H V E A S D O S C L E V O
E L S S P C Z T U P K E T T C
L X B T W X A A A R Q C D R Q
D B A N D O W R T P A R T Y S
D V N L O S L V B R Y A W S S
U S N Y T I U L F R E P U S O
H E E A A A S W E A L T H M F
R P R M J V T S W F R P T I L
O T E H C A C I I O Y S Y I G
Y N O L O C E H O M F I A I L
T G K W R R B P E N N T S P I
T T K R K F R S E K R Q O P T
```

BAND	LITTER
BANNER	MISSION
BRACE	NEST
CACHE	PARCEL
CHAIN	PARLIAMENT
COLONY	PARTY
DECEIT	SUPERFLUITY
EXALTATION	TROOP
FELLOWSHIP	WEALTH
HUDDLE	WRACK

Best Picture Movies

```
R S K R E V E T U O B A L L A
A O U R R O T A I D A L G O M
M R W E S T S I D E S T O R Y
A F E A D T A O S T M I I D F
F C S H A A U R T H R T N O A
O R I R T N M U V E S A G F I
R L G R U A R A G S M N M T R
R O I P F O F S K T I I Y H L
E F G V G A N D H I N C W E A
S E P A E R F N O N I A A R D
T X T P C R U O K G V I Y I Y
G O N E W I T H T H E W I N D
U I O G F S H G N U R H M G M
M A I X O B U C J E O G T S J
P A T T O N Z T Q C B T L A X
```

ALL ABOUT EVE	LORD OF THE RINGS
AMADEUS	MRS MINIVER
BEN-HUR	MY FAIR LADY
CHICAGO	OLIVER
FORREST GUMP	OUT OF AFRICA
GANDHI	PATTON
GIGI	THE GODFATHER
GLADIATOR	THE STING
GOING MY WAY	TITANIC
GONE WITH THE WIND	WEST SIDE STORY

Adjectives

```
W R R F O C T U L G H C V C X
T O U G H A F R R E N F P V L
F N E Y H G R Q W E J N D Y H
U U E S R T U L I T T L E A S
D P E L K A W M C E T T C H I
O R L S I Y N I K T L E I S L
F O A N N S S I E N A V T B O
O T T B D M U O D A E S S S O
Z I E A R U H R H R O R A X F
O O D U F L U A I E O P T V R
P R B E X C N N S B T U N I I
M O L S T O G G S U L S A S O
P C N T G X R E I X K A F L S
D U X F B F Y K N E A R C M O
O T F S O W X L G Q U I C K O
```

BITTER	KIND
BLACK	LITTLE
CLUMSY	ORANGE
ELATED	ORDINARY
EXUBERANT	QUAINT
FANTASTIC	QUICK
FOOLISH	SHIVERING
FRESH	SILENT
HISSING	TOUGH
HUNGRY	WICKED

Youngsters

```
N L I O O N K E R V U L U E T
J A R O C H I L D L I K E B Q
I C I G I R L I S H Z E A L J
T R T V E R U T A M M I A H T
P K R A E L I N E V U J T S T
B P T R X I U A T S J R U X J
V R E D N E T F T E M U Y S C
Q T S N Y V K N H X S A D A X
U E L H R L P I E T C T L A T
G J U N I O R L L C U L E L V
O H S I Y O B A A I O O O D A
T C S P P B D W E W T N Y V P
G R E E N R P D E I R T N U S
C V T X R Z T I L N Q N L I K
K R F C E F E L Z V K I A E B
```

BOYISH	JUNIOR
CALLOW	JUVENILE
CHILDLIKE	LITTLE
EARLY	NAIVE
FRESH	NEWBORN
GIRLISH	SMALL
GREEN	TENDER
IMMATURE	UNTESTED
INFANTILE	UNTRIED
INNOCENT	YOUTHFUL

Chemical Salts

```
B I C A R B O N A T E O S D R
C I S R S R R L T C T O P B T
F O R T F T U I B T A T O I Z
R B L F E M E I O P R G T O U
E S I C I A B E N Z O A T E P
T T I N I T R I T E L U O D U
U Y A O W T V A F P H C I I R
S T C H L O R I T E C V T M I
E H U H P D T A V E R C V O X
X P A H L S O E T W E O D R A
A N O L K O O A K E P I C B R
S W F G I I R H R W D A P K O
E R F Q P T O I P E T A R O B
S U L F I T E E D C S I A A G
F W Z N A U R A T E V K I U S
```

ALUMINATE	HALITE
AURATE	IODIDE
BENZOATE	NITRATE
BICARBONATE	NITRITE
BORATE	PERCHLORATE
BORAX	PHOSPHATE
BROMIDE	ROCK
CHLORIDE	SOAP
CHLORITE	STEARATE
CITRATE	SULFITE

Official State Mammals

```
M U G R I Z Z L Y B E A R I M
U U E D I L J A G U A R J F O
L B S L D G X W N S M B L B L
E O L S A U H W W G E O X G L
R W J A O H H T H O R S E F I
R H O E C P W R W I I T X J D
I E R L N K O K D H C M O X A
U A T E V O B A C S A Q F F M
Q D V O V E P E I A N L D N R
S W K R Y A R E A N B U E Z A
Y H O K N O E I S R I P R M R
A A D T F T C B N O S G M A L
R L H Z U L F N I E O S R U S
G E L A H W Y A R G N M D I H
R I N G T A I L E D C A T D V
```

AMERICAN BISON	HORSE
ARMADILLO	HUMPBACK WHALE
BEAVER	JAGUAR
BLACK BEAR	MOOSE
BOWHEAD WHALE	MULE
COYOTE	RED FOX
FLORIDA PANTHER	RIGHT WHALE
GRAY SQUIRREL	RING-TAILED CAT
GRAY WHALE	VIRGINIA OPOSSUM
GRIZZLY BEAR	WOLVERINE

Ryder Cup Golfers

```
L A V U D D I V A D A N A K K
K E N S T I L L A N B O Y K U
D U E U J B M V A I C R J N S
A A I T A J I M L E U A O I H
N N L J R D H L U F C A H C A
S R S S T E Y E M K D Y C T L
I G Q O L C V I N A R M O R S
K Q M M A A J I V R U M H A U
E S O S L I C E N Y Y O T W T
S T P S D K H C S O L T T E T
G E N E L I T T L E R S O T O
R K N A L P R E V T T O C S N
P A U L A Z I N G E R K S F D
T S D O O W R E G I T S D Y J
M B F R A N K B E A R D O P O
```

BILLY CASPER	JIM FURYK
DAN SIKES	KEN STILL
DAVE HILL	LEE TREVINO
DAVID DUVAL	PAUL AZINGER
DAVID TOMS	SCOTT HOCH
FRANK BEARD	SCOTT VERPLANK
GENE LITTLER	STEWART CINK
HAL SUTTON	TIGER WOODS
J. J. HENRY	TOM LEHMAN
JACK NICKLAUS	TOMMY AARON

Karaoke Time

```
E V N O P T T D B K R P R T B
E S O P M I R E P U S R A I Y
N C A C R Y T I Z R I B M P T
U I N H A E S C A E G L P E I
T R K E P L F B H T N S L C V
F Y S C I F P O L E O G I N I
O L A R A B O A O E L G F A T
T O M U U R M T R W A S I M C
U L L R R T T A U T G J E R A
O L A S P E E D C O N T R O L
Y S C A S G A I N Q I E S F A
H J O R R I J J W U S Y R R I
C I V M I C R O P H O N E E C
Z S C F G U I N E N F S V P O
G Y H U S M I X E R E G N I S
```

AMBIENCE

AMPLIFIER

GAIN

LYRICS

MICROPHONE

MIXER

OUT OF PHASE

OUT OF TUNE

PERFORMANCE

PITCH

SING-A-LONG

SINGER

SOCIAL ACTIVITY

SOUND TRACK

SPEED CONTROL

SUPERIMPOSE

TWEETER

VOCAL MASK

VOCAL PARTNER

WOOFER

Building Materials

```
S X U S K C I R B E R I F P E
O I K C I R B N A M O R W L M
L U C B G U D S S T R A W T R
R F W U O S P T W S Z T T Q V
E H O I G H R E L I A R U G Y
P W O C A E T E Y R H O T T L
P A D L A D N L P U T M I S R
O L T R M S R O X C L L I E D
C L A Y A T T L T N E M E C X
D R Y S T O N E S S B B S E L
V L B Q T N B L A X D T O W G
J I Q L L E L D E R I N W D U
C F R F E F R D R I T O A T A
H R H O P A A O E A L H Z S R
E Y H G N I D D A L C E O U B
```

ADOBE	FIRE BRICK
ASPHALT	IRON
CARDBOARD	MORTAR
CAST EARTH	PLASTER
CEMENT	ROMAN BRICK
CLADDING	SANDSTONE
CLAY	STEEL
COPPER	STRAW
CRUSHED STONE	TILES
DRY STONE	WOOD

Things You Can Hold

```
A S R G E P B T R W L P L H R
U S M K S S T W W D H P A R W
T P T W N Y B S K A T A T L A
I E L H B L S E M S L R S O O
I N P Q K O E M K C I B J G A
Q C L I P P E R S D O O F R R
A I A I V R O O I T P M B A P
T L Q S A M R A T S R E B R E
B B B C O R D L Y N S I E I N
B A N I S T E R E R H A N D S
N B I S X C L D S V L Y A G S
E Y A S P A D E I J O E A Y R
R I T O O T H B R U S H E A D
V Y G R K K R J T T G A S E S
E R A S E R U L E R E K I L E
```

BABY	HEAD
BANISTER	NERVE
BOTTLE	PENCIL
CLIPPERS	PENS
COMB	RULER
ERASER	SCISSORS
FOOD	SHOVEL
GUIDE RAIL	SPADE
HAMMER	STRING
HANDS	TOOTHBRUSH

Perfect Words

```
N I S S E L T L U A F P P K R
R U M S U P E R B O L A E P A
N O N P T P L X O T V B A H R
M A E T E A R L Q E I S Q A L
A I I D A C P E T M D O C F L
T T O P T R C V M P E L R T Q
C N R G O R N A P E A U O U V
H Z E O O T C I B S L T W D E
L X F L B U U R S L I E N E M
E U N B L E M I S H E D I L I
S A M A T E C Y G T E A N L L
S D T T Z A C S U F E D G I B
R E Q W L E S X O L T U P K U
A P U R E C T P E E R L E S S
W T S Z W R Z R T V T W T G O
```

ABSOLUTE	MATCHLESS
ADEPT	PEERLESS
CLASSICAL	PURE
CROWNING	SKILLED
EXCELLENT	SUBLIME
FAULTLESS	SUPERB
FOOLPROOF	SUPREME
IDEAL	UNBLEMISHED
IMMACULATE	UNTARNISHED
IMPECCABLE	UTOPIAN

The Face And Head

```
R P N N S R A D T S L A Z S E
S E I G J K S M A L H R D H O
R L P I H Z C O T E V C A B T
O J M Y A E A O A Q H A I A E
Z E A U I D N R R I P E A A E
S Y E C R G R O N T A L R F T
B E R H U D B A S G A L T O H
S L G E C K R H E E O Q R Z F
Y A R E A A W A A B L U I I F
T S S K Y U T E E R T Q E A O
W H I S K E R S N S S T Y O P
D L O O M E B P U P I L A T T
U L I P S Y R R F M O R H S I
Q P L A C S R M O U T H I I B
T E O V A C U E L W U R M R R
```

BEARD	LIPS
CHEEKS	MOUTH
CHIN	MUSTACHE
EARDRUM	NOSE
EARLOBES	PUPIL
EYEBROW	SCALP
EYELASH	TEETH
FOREHEAD	TEMPLE
HAIR	TONGUE
IRIS	WHISKERS

Broadcasting

```
E R S D P L A Y L I S T U B F
Y O R Q E S U W O A A B R I B
A J O U R N A L I S T R H I S
L N T G A T U E D Y E I T B L
P E N M N E W S A T L E G Z L
R R T O C I T B R O L G X I R
I Y O C U B T O I E I M V I D
A R U G R N P S P X T E F R I
A I T Y R E C R A O E D I V L
G Y X U R A O E D C L I R Y R
S S L C O M M E R C I A L S Z
E P Q S P O P X O V N T L U Q
T O N T H E A I R R K R L T I
S L E X I P K X G C M I R U U
D R O T I N O M L U O L Q T M
```

AIRPLAY

ANNOUNCER

COMMERCIALS

DIGITAL

JOURNALIST

LIVE

MEDIA

MONITOR

MULTICASTING

NEWS

ON-THE-AIR

PIXELS

PLAYLIST

PROGRAM

RADIO

REPORTER

SATELLITE LINK

TELEPROMPTER

VIDEO

VOX POP

State Trees

```
J O S H X R S E F G K J J T S
E M E S S S E L C T U B P A R
R L J A E T T D I W K K A O D
E E P B J R U E P P U A L A O
D N S A W H P L E I I O O O O
M A I L M Y F Y I L N T V O W
A C T P B R L E C P U E E W N
P I K A F K A D T D T L R H O
L R A L F A M G R A L R D I T
E E S M O O E O U B L A E T T
F M P E A E T L A S U C B E O
Q A R T P V R T G L U S P O C
R A U T I I E Y R N P E C A N
Z Z C O T L E B U R O A K K I
L O E R A L P O P P I L U T E
```

AMERICAN ELM	PECAN
BALD CYPRESS	RED MAPLE
BUR OAK	RED PINE
COTTONWOOD	SABAL PALMETTO
FLAME TREE	SCARLET OAK
IPIL	SITKA SPRUCE
KUKUI NUT	SUGAR MAPLE
LIVE OAK	TULIP POPLAR
LONGLEAF PINE	TULIP TREE
PALO VERDE	WHITE OAK

Mosconi Cup Players

```
R R B H L E B M M A S S E Y A
I R M P Y E D K I R E M P E M
Q Z P A D T U I V O L S N N S
Y V M B N A R E T U B R J L T
A B S O D T U S D O O S V E W
Q B L T R I U L L E R H U O V
L P T U R R U P T C J O S R A
P P R U E I I A U O O P J E T
I E O B N E C S N L N K B C L
T O P X R K L K H T E I U F W
O S N C A F B O L R S N Z V T
T S E W V G U L Y A S S Y O I
I L V A N B O E N I N G H R N
W D A A P E B W A N Z D A P X
U I D A V I S J V T S C O T X
```

BUTERA	MASSEY
COLTRAIN	MORRIS
DAULTON	PIERCE
DAVENPORT	PUTNAM
DAVIS	REMPE
DEUEL	ROBLES
DITORO	STRICKLAND
GULYASSY	VAN BOENING
HOPKINS	VARNER
JONES	WEST

Double 'D' Words

```
F R U A W T U S A I D L O O E
T S N T I G N I D D U P I W K
A E E S Z I I A D D E N D A S
R L D L S A D D L E M E Q D H
E W D O D T R O D D E N A D U
D J I V R D M Q Q I U E D L D
D T H E E A A E M B E D D E D
U M U R Y L D P Z L P S I S E
R S G R A N D D A U G H T E R
H E E I B E E D E Q N S I R I
S V L D L O N V U H U R O O N
L A D D E R I T C F C T N C G
X E D E D W N T M E E N A Z P
L I S N O I G Z V W H B L W A
M Q M T S E F O C I B E B I A
```

ADDENDA	MADDENING
ADDITIONAL	MIDDLE
BEFUDDLE	OVERRIDDEN
CHEDDAR	PADDLES
EMBEDDED	PUDDING
FIDDLER	RUDDER
GIDDIEST	SADDLE
GRANDDAUGHTER	SHUDDERING
HIDDEN	TRODDEN
LADDER	WADDLES

Spring

```
B D L T S S S X D V Q R E I A
R C P R R R N Q R G C K R O M
E R A A R E B I R T H I S E T
S E R L W W Q Q D L S C S C R
S M U L I O B A U X E W S O A
N X I E P L F L U S R A Q H X
E F A K Z F I S I R F H V P M
E S T T O I M R X R S T S E N
R N Q D O J X N P H L Z T B S
G N I M O O L B Z A M S J T E
J L S H O W E R S E A S O N A
Z A S V S T O E K S K O Y C Q
E G A T E N D E R A H L G W T
O P R P I L U T L S R R W X A
U R G T X L G S A R L Z A I A
```

APRIL	NESTS
BLOOMING	NEW LIFE
DAFFODIL	REBIRTH
FLOWERS	SEASON
FRESH	SHOOTS
GRASS	SHOWERS
GREEN	SUNSHINE
IRIS	TENDER
LEAVES	THAW
LILAC	TULIP

Ancient Cities

```
O M X U X R J B I A X L U A P
C H A L C E D O N C I S L F S
M I I H P L E D O A W A E L U
A K N S R P S R H S T M E C D
C W O M Y O I C A E L A A X O
S X L O A N O W B B O R N T O
S P L R T I D S Y E T I E W A
Z E O H T T R O Z H P A C A R
B M P N H N K D A T R O Y E G
E A A H N A I G N P D I M P O
A I B P E T E R T A T R A P S
W I A Y B S I J I V X O Y T O
T I K A L N U Y U S N E H T A
Y E Z D Y O Z S M H T Z L R L
A J N R Z C N N A F U S O A I
```

ALEXANDRIA	CORINTH
ANTIOCH	DELPHI
APOLLONIA	EPHESUS
ARGOS	MYCENAE
ATHENS	ROME
BABYLON	SAMARIA
BYZANTIUM	SPARTA
CARTHAGE	THEBES
CHALCEDON	TIKAL
CONSTANTINOPLE	TROY

Coffee Break

```
Y A N K S C S H N W S U X L Q
W R D H Z P S F S M S D A W W
N D E S S E R P R I D D E X N
E G R P U I R Y I A K B A C V
S L O U W I R N P E P R A Z I
P A V U N U S I F B A P U U T
R T A K O T R E M B P R E T T
E T L Q A B E C I U O O L T Q
S E F N S U T C C J R P O Z E
S F T H C F L C M L O A K S T
O A I O T A I H C C A M N E F
B W U C U N F O A M S C R O J
P E R C O L A T E D T O C P S
S L F R E D D O T E E T S O T
S O U A C S L U X E D T R D M
```

ARABIC	IRISH
CAPPUCCINO	LATTE
ESPRESSO	MACCHIATO
FILTER	MOCCA
FOAM	MURANO
FRAPPE	PERCOLATED
FREDDO	PRESSED
FRUIT FLAVORED	ROASTED
ICED	SPRINKLES
INSTANT	TURKISH

Skiing Areas And Resorts

```
W Q B A K E R M O U N T A I N
H I D D E N V A L L E Y R U O
E S L L I H E D I S R E V I R
G Y H D K A E P S E N I P W D
D E E R M O U N T A I N T A I
I L S F A O L R A G U S P I C
R L W X U N U T T H I L L V M
R A U J I M I N Y P E A K I O
E V L T G R E A T B E A R L U
D T Q T Y R O L B A S I N O N
W S P O T D N U O R I K S A T
O O T I S R I D G E P N U L A
P L Z T T K A E P Y A J L L I
I O X W E S T M O U N T A I N
H S U B R A G U S K W Q I V A
```

BAKER MOUNTAIN	PINES PEAK
DEER MOUNTAIN	POWDER RIDGE
GREAT BEAR	RIVERSIDE HILLS
HIDDEN VALLEY	SKI ROUNDTOP
JAY PEAK	SUGARBUSH
JIMINY PEAK	SUGARLOAF
LOST VALLEY	TYROL BASIN
NORDIC MOUNTAIN	VILLA OLIVIA
NUTT HILL	WEST MOUNTAIN
OTIS RIDGE	WILD MOUNTAIN

Dance

```
P B A G N O C A J U N T M H L
L F E S P B A R N O U N R Q R
V T A G B U N N Y H O P T D H
O T K N U F C W H S Y Y I R P
X X K I D I A O P E G S I A D
V N N G G A N M A T C O S B V
R Z E G H U N E R O I D U T S
A R T O B R B G G R E T T E O
P X T L B A N R O D T S M N A
R I A C C E T U E E D H A A C
Y U L H P V T U R T T I X E U
D L A L S I X F O Y T R Y A E
D T L A N J L J H O J I I O A
A P E E X Y S R C R B T J L C
W U S P B U U S C A T U A R Y
```

BACHATA	CONGA
BARN	DISCO
BEGUINE	FANDANGO
BELLY	FUNK
BUNNY HOP	JITTERBUG
BUTTERFLY	JIVE
CAJUN	PAS DE DEUX
CAN-CAN	RHYTHM
CHOREOGRAPHY	ROUTINE
CLOGGING	STUDIO

Bargain Hunting

```
A N T I Q U E S E Q P C T F M
N I E N O I T O M O R P S H N
O S Q W P F R E E B I E S I R
P O H S Y T I R A H C P N E M
U D C R I E I I D A E W I Y A
O O L W E B A I I C C L A J H
C L E T T H S R I D O A G I U
E L A L B C C A S Q M E R L S
C A R M O A L U B S P D A A G
E R A U Z O R C O N A K B E P
W S N A F I R T A V R L S D J
A T C F U Y O I E Y I U E T C
P O E D A R T O R R S B X S V
E R E L A S G N I S O L C E V
M E G N E D D I H A N J T B A
```

ANTIQUES	DISCOUNT
AUCTION	DOLLAR STORE
BARGAIN	FREEBIE
BARTER	HIDDEN GEM
BEST DEAL	NEW YEAR'S SALES
BULK DEAL	PRICE COMPARISON
CHARITY SHOP	PROMOTION
CLEARANCE	SPECIAL OFFER
CLOSING SALE	TRADE
COUPON	VOUCHER

Meat Eaters

```
A D P Q R U Q A A L S B U W U
W C O U G A R H F L Z I J G G
M M T M P I H Y E N A C S R P
P O U E E R U T L U V K H P X
X N Y L V S A H L N U R C I J
R G G I A N T P A N D A I A B
S O A G B K F I K Z F E G P J
H O A E T O Y O C S O U O E X
R S P R L Y L L U C A L M L C
V E N U S F L Y T R A P Q A T
U K T O M Z F S V R P T T M C
I T O T I A P K B R E A W Y T
F L O W O L V E R I N E W V F
A B L E O P A R D P I W K R S
K P Q S D R A C C O O N S P K
```

COUGAR	MONGOOSE
COYOTE	OTTER
DOMESTIC CAT	POLAR BEAR
GIANT PANDA	PUMA
HYENA	RACCOON
JACKAL	SKUNK
JAGUAR	VENUS FLYTRAP
LEOPARD	VULTURE
LION	WOLF
LYNX	WOLVERINE

Cactus

```
Z A A R B T N H O D L Y S B C
U L Y E A P A R O D I A A V A
T G G O R R O R E D H O I L C
R F R T R H E S R E O S T R H
X R U I E O R S S O E E N Q A
K A S B L A I P U A J I I E R
A I O U J P O R T Z M A C S A
A L N T P S S A C O U H D C G
R E I T T F Y I A M I O K O M
P A A O C X C T C N M U P B A
S A A N S S E E O E S D A A U
T I H Q U L R P S D I Z E R V
S Y P E R E S K I A P I R I G
V Y O L U I T S D V E K A A N
S A E S S O A R E O L E K C E
```

ACHARAGMA

AREOLE

ARROJADOA

BARREL

BUTTON

CEREUS

CINTIA

DENMOZA

DISOCACTUS

ECHINOPSIS

ERIOSYCE

ESCOBARIA

ESPOSTOA

FRAILEA

GRUSONIA

HARRISIA

LEPISMIUM

OROYA

PARODIA

PERESKIA

Instruments

```
O O J R A C R E T E M O D O T
Z R I Q E H E P S A I T S O N
H T R Z J R T X S R Q G T U J
T A L L A O E S E X T A N T F
S Q M P C N M N F L I O U V F
A N E M K O E Q O T M T O O I
F C G G E G V M T O E B R L S
R R N T U R A S O T P K K T S
L A I O C A W V P M I S N M E
P F R N O P G Y E E E Z I E B
U A Y W M H A N F S C T F T O
I T S L P A Z G I P E R E E R
R H P U A R O T C A R T O R P
S M Z T S C I S S O R S W F E
H A N D S A W T S L T Q D R V
```

ANEMOMETER	PROTRACTOR
CHRONOGRAPH	RAIN GAUGE
COMPASS	SCISSORS
FORCEPS	SEXTANT
FORK	SPOON
HAMMER	SYRINGE
HANDSAW	TIMEPIECE
KNIFE	TOOLS
ODOMETER	VOLTMETER
PROBE	WAVEMETER

Officials

```
O R T N E D I S E R P U L T R
K M O T K R Y M L R T R D I C
D U A T D E E G I J R T P V E
P L A F C N E N N G E T R X J
A A A U L O C P A M A S T E R
O E C H A I R P E R S O N L P
N X O K P S U P D R U V P H R
Y E L A H S R A M B R O S V Q
X C L W M I N I S T E R D R F
E U C O M M A N D E R P R F L
Y T T T Z M D N S P A O I Y R
F I R S T O F F I C E R Y E J
C V R O T C E R I D E S G A I
R E G A N A M O S H L Q S R M
S N Q F I A Z U S H E R C Q K
```

CHAIRPERSON	MASTER
COMMANDER	MAYOR
COMMISSIONER	MINISTER
DEAN	PRESIDENT
DIRECTOR	PRINCIPAL
EXECUTIVE	PROCTOR
FIRST OFFICER	PROVOST
KEEPER	SHERIFF
MANAGER	TREASURER
MARSHAL	USHER

Footwear

```
A G K B R S P P I S D R S S U
L N P D A C U L C B P K Q X C
O S O H B L U C H E R S P C D
Y E I W V X L I R P U E U R C
R U N N I N G E U E U S M R W
I G T H P H U Y T L F P P L P
S O E B H R U M O C C A S I N
F R S E O H S S S E R D O P U
L B E T S W B A L M O R A L S
T L H K L C L L T J E I L A G
S E S I A G N I B M I L C T D
P L O O D E Z O N T O L A F T
E S L S N A N F S G K E R O U
S F A T A U E S T R L S B R E
P V G Y S G O L C C H D S M R
```

BALLET	GALOSHES
BALMORALS	HIGH HEELS
BLUCHERS	LOAFER
BOWLING	MOCCASIN
BROGUES	PLATFORM
CLEAT	POINTE
CLIMBING	PUMPS
CLOGS	RUNNING
DRESS SHOES	SANDALS
ESPADRILLES	SNEAKERS

Going Swimming

```
Z A N K B L V G O G G L E S T
S P S D N A B M R A V A H A K
W T R Y T Y C R E T A O L F G
I E E W I P L K E A W B W E Z
M I K V U U D F S E U A O T P
W O C P S Z D R R T V B J Y I
E K O R T S T S A E R B H R S
A T L H E J J J M U T O U M H
R R O I W B Y A L Y G T K C T
T F R O N T C R A W L E U E G
S P L A S H W A A K G A F B N
H P F L I P P E R S O Q N I E
V E D N E W O L L A H S S E L
D E E P E N D Z Y Q O A D H S
P T P X S B V T P Z W A L Z P
```

ARMBANDS	LENGTH
BACKSTROKE	LIFEGUARD
BREASTSTROKE	LOCKERS
BUTTERFLY	SAFETY
DEEP END	SHALLOW END
FLIPPERS	SHOWERS
FLOAT	SPLASH
FRONT CRAWL	SWIMWEAR
GOGGLES	WAVE MACHINE
LANES	WETSUIT

Electrical Components

```
U E R L U U C R P O A R R U U
R L R O T S I M R E H T O U S
V U O G T T R A N S I S T O R
A X T I L C C J C A S Z A T E
R D S C H L U H S C C M L R I
S T I C E C I D I Y A G O A F
U G S O R P T R N T P O S N I
S I E N D S B I I O A S I S L
A O R T F E R M W M C Y R D P
I N E R A S E A A S I I O U M
Y R K O B R A R X T T U M C A
A L A L K S K T S D O I P E L
L R E T A G E J E N R V M R S
E S P K V A R I S T O R T I T
R O S N E S U F F T N R D L L
```

AMPLIFIER	RELAY
CAPACITOR	RESISTOR
CHIP	SEMICONDUCTOR
CIRCUIT BREAKER	SENSOR
DIODE	SPEAKER
FUSE	THERMISTOR
GATE	TIMER
ISOLATOR	TRANSDUCER
LIMIT SWITCH	TRANSISTOR
LOGIC CONTROL	VARISTOR

Islands Of Delaware

```
U C M B L Z A D E O V P W O G
T N A S N A V I C E C R E A M
K L Y D E E R E L T T I L D O
P K I L I T T L E B A C O N F
A N O C A B G I B O R K S S S
A C O O P E R S M R P L M H L
X U X B H Y P B B D E E A E O
R M H A I Y I E B B E Y H P E
E A Z S T G A R R A H P D P W
O K D V R C N B P U S E E A M
Y X E E H A A O M F G A E R T
L T E P C E M M S O I R N D H
J D L I B G O F C E B D B S U
Y U L A I C I F I T R A E A I
M R K M K A E B I G P I N E Y
```

ALTY	COOPERS
ARTIFICIAL	HAY HUMMOCK
BEACH PLUM	ICE CREAM
BIG BACON	LITTLE BACON
BIG CEDAR	LITTLE REEDY
BIG NOSE	MARSH
BIG PINEY	NEEDHAMS
BIG REEDY	PRICKLEY PEAR
BIG SHEEP	SHEPPARDS
BOMBAY HOOK	VANSANT

Flies

```
J I D S K Y K K T F L R T Q L
S A I I W Y P O Z S R A W E X
C B H D D R C Q T J U T S C O
L L P D L W R A C K L F A C E
E U A A T Q B H R R B R A I W
O E R C E L O T B R F U P H O
H B S E E U O I O L O I I A O
A O K T S W C C O D A T S B V
R T R E A T I W U M E C L H N
U T F S F N E N J A Y O K E O
L L Q C E R G S G Y W N U J G
Y E N R X F N M T F T A D S I
K R E T S U L C L L O S Z S M
F D E D M U A Y B Y S P R A R
R L G T P Q R S L A B T N J A
```

APHID	FRUIT
BLACK	GNAT
BLOWFLY	HORSEFLY
BLUEBOTTLE	HOUSEFLY
CADDIS	LACEWING
CARROT	MAYFLY
CLUSTER	STABLE
DUNG	TSETSE
FACE	WHITE
FLOWER	WRACK

```
T Q D N O B R A C O R D Y H X
V S U R E A C T I O N L V R B
G L I C P E A R M O L E I J D
F T A S A C I M R E H T O X E
B U J T Y B C T E A F E L U X
W O T U S L G A H A X N O M P
L R N N R Y O A T N T E E A L
R G C D E W R R O A J R M X O
C A O I I L D C D L L G X I S
T N X C G N A F N Y A Y O F I
A I A A T A G V E T H N S N O
B C I F A F O T O I I D O T N
O R T S U T V G L C H M A D Z
U E D O H T A C V A S E H F E
A C M R D F Q D H L S K U B K
```

ACID	ENERGY
ANALYTICAL	EXOTHERMIC
ANODE	EXPLOSION
AVOGADRO	HYDROCARBON
BONDING	HYDROLYSIS
CATALYST	IONIC
CATHODE	MOLE
COVALENT	ORGANIC
CRYSTAL	REACTION
ENDOTHERMIC	SALT

No 85 School Subjects

```
B O X T R R N R A T C P P K F
Q P N V E T S P X H S A S X R
P H Y S I C S T I K R O L E E
X L A R P Z I N R S U R E S N
H V X K T A E T O O U U A Y C
S Y O Y R S N C A I P S I G H
G I G G E T I I R L G S H O I
E Q W O E O A M S C I I A L S
R H C L L O K R E H K A L O T
M R C O V O G Z B H E N N E O
A I G H A E I R O E C A N G R
N Y L C P F R B A T G E I F Y
G B L Y W T C O J P V L T C E
L S E S C I T A M E H T A M Z
N Y H P O S O L I H P Y L T R
```

ALGEBRA
BIOLOGY
CHEMISTRY
CHINESE
FRENCH
GEOGRAPHY
GEOLOGY
GERMAN
HISTORY
ITALIAN

LATIN
MATHEMATICS
PHILOSOPHY
PHYSICS
PSYCHOLOGY
RELIGION
RUSSIAN
SOCIOLOGY
SPANISH
SPORTS

87

Helicopters

```
L T A Y U M T A C K X L V Z H
E A N U T D L H A S A L E O N
S I G H T S E E I N G T R I P
E L T T O R H T D R C I T G L
H R R C Y C L I C O Z E I T S
H O V E R I N G L O T U C Z T
W T I Z F G E L N U G Q A M W
F O J T S N E T R I B R L O Y
F R Q K G C A B P I L O T O E
A S I I T L O U S T M T A B R
M D N I R S E D A L B I K L O
S E V O H E L I P O R T E I E
D E T A L U C I T R A N O A Q
X O F X D R I V E S H A F T P
R T F A R C R I A S N M F Q O
```

AIRCRAFT	HOVERING
ANTITORQUE	LANDING SKIDS
ARTICULATED	LIFT
BLADES	PILOT
COLLECTIVE	SIGHTSEEING TRIP
CYCLIC	TAIL BOOM
DRIVE SHAFT	TAIL ROTOR
ENGINE	THROTTLE
HELIPORT	TURBOSHAFT
HORIZONTAL ROTOR	VERTICAL TAKEOFF

Types Of Potato

```
O U Y E R A H T I T Q C R W W
E E R I S E D X L W D P M P P
M T T U K I N G E D W A R D F
P S C I L R P N M A R F O N A
A V O P H F E P J I Z S G R M
M H P T T W L T S B P F U I I
A S A X O N D P S R T S R W T
C M K R D K I N E O S T O J S
S A W S M P T Y U E O T M N E
F R S O E O E T T O L R A H C
S C A R L I N G F O R D N W Q
R A G T P L W Y J E I X O I O
W R S A N T E L O N I C O L A
O A L S S I S Y E U B L G J O
A Q R S T S U Y Q R L A Y A O
```

CARA

CARLINGFORD

CHARLOTTE

DESIREE

ESTIMA

HARMONY

KING EDWARD

MARFONA

MARIS PIPER

NADINE

NICOLA

OSPREY

ROMANO

ROOSTER

ROUND WHITE

RUSSET

SANTE

SAXON

WILJA

YELLOW

Novelists

```
U T P O H F E O E E O T N N I
R G N I V R I M V X H E T X X
C R O C K E T T E C F E T T J
R E T O N R D T Z R O R O A I
R P R Y G I U A I G S O T M R
E O A A L L A N P O E O P V I
S O H W K H A W T H O R N E P
I H W G R C I T T Z V D A L R
P J D N T E E R T S G N O L T
N U E I F P G B D A R U W I D
T Z D M Q R M N N N D O X V N
A U A E R O H T I I L P I L O
E A W H I H O T V L E A O E B
B R Y A N T W J E B A T G M G
E U E U X R O B E C H S S E M
```

ALLAN POE	IRVING
BELLOW	LONGSTREET
BRYANT	MELVILLE
COOPER	POUND
CROCKETT	SALINGER
EMERSON	STEINBECK
FITZGERALD	THOREAU
HAWTHORNE	THORPE
HEMINGWAY	TWAIN
HOOPER	WHARTON

State Birds

```
E R E H S A R H T N W O R B C
Y E L L O W H A M M E R L A A
R Z O B K R S M E C K S L M C
S G I O C E U O S A A I C E T
L N R B U N R C U R F P W R U
N I O W D N H K O O Y U O I S
O T E H D U T I R L E R O C W
O N R I O R T N G I K P D A R
L U O T O D I G D N R L T N E
N B M E W A M B E A U E H R N
O K I Q G O R I F W T F R O B
M R T U N R E R F R D I U B A
M A L A W E H D U E L N S I W
O L A I E K N U R N I C H N U
C A B L U E H E N P W H S E U
```

AMERICAN ROBIN	LARK BUNTING
BALTIMORE ORIOLE	MOCKINGBIRD
BLUE HEN	NENE
BOBWHITE QUAIL	PURPLE FINCH
BROWN THRASHER	ROADRUNNER
CACTUS WREN	RUFFED GROUSE
CALIFORNIA GULL	WILD TURKEY
CAROLINA WREN	WOOD DUCK
COMMON LOON	WOOD THRUSH
HERMIT THRUSH	YELLOWHAMMER

Environment

```
U F R E U M I X O S P T P P A
Z L U P E U T S L F K A E N S
R D S M O G E H R U Y S J U N
A L E M E F F I C I E N C Y R
G E X F L S V Q E C O L O G Y
R U K S O A R E W O P D N I W
E F Z R O R O E N I L O S A G
C L I M A T E C H A N G E A U
Y I B E M I S S I O N S R U Q
C S L A M R E H T O E G V A E
L S L H W D A N R A R W A O S
E O P E A E A L O R T N T Y K
S F U C Q J N M O Z V I I A N
U T U R B I N E S S O U O M R
T U V R R E N E R G Y M N N R
```

CLIMATE CHANGE	FUMES
COAL	GASOLINE
CONSERVATION	GEOTHERMAL
DAMS	OZONE
DEFORESTATION	RECYCLE
ECOLOGY	RENEWABLE
EFFICIENCY	SMOG
EMISSIONS	SOLAR
ENERGY	TURBINES
FOSSIL FUEL	WIND POWER

Music Makers

```
A F Y S H H A M A C Y G R A Y
G V F A L T I I L T U U D I D
K N R J M L A N N O D A M C D
U S I I P N K H L K M G G A I
S B A T L E A V T T N Z I T D
W A X P S L R I G E C I P S P
R B E N P L A A R U K A P A E
L A L I A Y L V A B S A W N U
K J R G K K E L I S A H T A U
K C O L D P L A Y G N B E C K
Y A S R A E P S Y E N T I R B
L F E M I N E M K F A E K K S
E X E R S V T V U I H R Q T B
D P R S F K S H A K I R A J K
O I T S E I D X D L R O P F K
```

ANASTACIA	MADONNA
AVRIL LAVIGNE	NELLY
AXEL ROSE	P DIDDY
BECK	PINK
BRIAN MAY	RIHANNA
BRITNEY SPEARS	SHAKIRA
COLDPLAY	SPICE GIRLS
EMINEM	STING
KELIS	TAKE THAT
MACY GRAY	USHER

Alice In Wonderland

```
E P T A C E R I H S E H C R T
B A I E R E T S B O L P M J Z
R J B L L S L E C I L A L S L
A U B O R G H T Z B D T L T R
L A A H N A A A R H H L O R V
L S R T O S R E A U E G R A I
I S E I H D D T O I T A R E O
P E T B P G T O N E T K A H V
R H I B Y E F N D A T R C F Z
E C H A R L E S D O D G S O N
T U W R G T E U Q O R C I N M
A D Y D N A L R E D N O W E T
C C W H W P S F Z G P S E E L
I D O R M O U S E T J O L U J
A J F T M N P E L R G V H Q U
```

ALICE	JOHN TENNIEL
CATERPILLAR	LEWIS CARROLL
CHARLES DODGSON	LIZARD
CHESHIRE CAT	LOBSTER
CROQUET	MAD HATTER
DODO	MOCK TURTLE
DORMOUSE	QUEEN OF HEARTS
DUCHESS	RABBIT HOLE
EAGLET	WHITE RABBIT
GRYPHON	WONDERLAND

Backgammon

```
H A E D T P E L B A T U T K T
A N R E A E N O M M A G T M I
E O T B Y T A B H A S X S A E
P R T U E R U L D S N R U T E
A O R C D A O O R T E K P C E
M L I G S J R T Y K S S G H R
E L A N E O B O C Y H O R V K
X M N I T G P E F I X I T O S
E P G L U S H O A F V X J Y H
O M L B P C T L C V I P J M G
C T E U O T A T A K E I Z T A
S P S O Q E H L H R A R D Y E
A T O D U L C K S T A T A K S
L S U P D H R I R E U N S R I
Q A M T L A A R D R R G V K O
```

BEAR OFF	MATCH
BEAVER	PERSIA
BLOT	POINTS
BOARD GAME	ROLL
CHECKERS	SETUP
DICE	TABLE
DOUBLING CUBE	TAKE
DROP	TRIANGLES
GAMMON	TURNS
HORSESHOE	VICTORY

On The Ranch

```
G J P R R T R E R A G S R B R
M L K S A I R X S S L B V U S
C A T T L E D I P I R R T C B
R N H O R L G I A A S E W R V
T W A G O N V N N D S G I R U
K T M P J P G D A G I L N L U
T S M A C H I N E R Y O E L P
P M E A V N I T I A N V V A R
S P R P G E R B C K O E S Z H
S F Q M G A R R U H L S P S Y
U P B E C W L I A R F A H O H
P A S T O Q I D C A S O W H J
A B O O T S L L A K V O R O O
E R A O B Q S E D E O L T K E
R J T S I W B A L E R Z R P W
```

BALER	PITCHFORK
BOOTS	PLIERS
BRANDING	RAKE
BRIDLE	RIDING
CATTLE	SHOVEL
GLOVES	TRACTOR
HAMMER	TWINE
MACHINERY	WAGON
MAVERICK	WALKING
OPEN RANGE	WILD

Pinochle

```
D N U O R A K U Y R H A A K A
S C O P K U Q R A S P K G I E
R P O I N T S U S D K A E B D
T M N X T W R P E L G X C C C
E G M R B C T B B E L O T E G
S S A X F L U S H M N M A O S
C T S B P O Z A K M T S S Z T
Z P S I I C O K A R H K Y Q A
C A R D C K K R U U M C T R Z
V P A D C W R M F U S A O T I
P A Q I Q I P F C A S J G E A
J A R N A S L T E E K H A B S
G T T G D E A L E R C T I S U
O B E Z I Q U E O N B P P E E
G E L E P I T A Q D S R S U E
```

ACES	JACKS
AROUND	KINGS
AUCTION	MARRIAGE
BELOTE	MELDS
BEZIQUE	POINTS
BIDDING	QUEENS
CARD	SHUFFLE
CLOCKWISE	TENS
DEALER	TRICK
FLUSH	TRUMPS

Pronouns

```
R Z G K E R N C W K M U N Z P
L G H E S I A S W I L A G K S
O P E S T L P Q N J M A A A Q
R I W H I C H E V E R T R R J
K G H H E N O N X E E A E I T
X A N Y O N E I S M V S A Y I
E Y M B I E O E T H E Y I O Z
B B O T H L V H J H M T W D P
M D S U G E I E T N O F S Z M
Y G T S R S S M R I H S Y Y O
D S I A A Y A O T T W A E U K
S P L H D D N S H P T S S V W
Z H T R L S A A E W Q T G L F
H A Q V Q E T C M N A S S P S
P A R Y E S M E R J I A P O E
```

ANYONE	THEM
BOTH	THESE
MANY	THEY
MINE	THIS
MOST	THOSE
NOBODY	WHICHEVER
NONE	WHOEVER
SEVERAL	WHOMEVER
SOME	WHOSE
THAT	YOUR

Golfing Terms

```
S Q H R D T G H Q F T U B Z X
O A L B A T R O S S D R O L D
E P I O Y N E L U G O P P X P
Y R O G Z T E E S H O T F Y J
T T R E O L N I F C W O T Y X
E W R Y B S R N B S R A B S V
M J Y G U O L O A E A A Y S B
R I D O N B Y N C O L S T H E
W L E R K I D E K L K Y R C O
L R R R E T W W N R U O S A H
R L C R R V Z S I X Z B U U O
S I U A R O I T N F I R K O S
R T P U T T U R E H J L P S N
X T Q Z U S A G D A T J A X I
A B A S L L A C H I P H P M L
```

ALBATROSS	HOLE IN ONE
BACK NINE	IRON
BALL	PUTT
BOGEY	ROUGH
BUNKER	RYDER CUP
CHIP	SAND TRAP
CLUB	SCRATCH
DRIVER	SWING
FORE	TEE SHOT
GREEN	WOOD

Ports

```
M K O L M O T M O Y C W R X J
N A P V S V A G L K D R U E Z
E O H C A E B G N O L A V X H
D B T L N L U G D O A V W A B
A L D S J T P S S D U Q K E E
B E L S U U K A R Z O I O G R
Z K P N A O N N R S E V B U O
J S H A N G H A I A L S E O P
A U E E E B S I M A I M T R A
E A B L Q P I R A E U S O N G
I T E R O T T E R D A M O O N
O S C O R P U S C H R I S T I
P A G W O L N V A T A M P A S
T S N E W Y O R K C L U P B R
C A G N O K G N O H F F L R I
```

ADEN	NEW ORLEANS
BATON ROUGE	NEW YORK
CORPUS CHRISTI	PIRAEUS
DOVER	ROTTERDAM
HONG KONG	SAN JUAN
HOUSTON	SHANGHAI
KOBE	SINGAPORE
LONG BEACH	TAMPA
LOS ANGELES	VALDEZ
MIAMI	VALPARAISO

All Alaskans

```
K A L R R S C O T T G O M E Z
S R E M L A H C O I R A M A H
D S W R E Z O O B S O L R A C
T U E N I L A P H A R A S D W
O S J M I K E G R A V E L M T
M A R T Y B E C K E R M A N Y
B N R A Y M A L A S C T Q U C
O B D A V E W I L L I A M S O
D U I L V D O N S I M P S O N
E T R D R A D E B E N E R I K
T C M A T T C A R L E G T Q L
T H Y H A N N A H W H I T E I
L E K C I H R E T L A W E O N
Y R H H O L L Y M A D I S O N
R S A M O H T O E L H K L A N
```

CARLOS BOOZER

DAVE WILLIAMS

DON SIMPSON

ERIK ELLINGTON

HANNAH WHITE

HOLLY MADISON

IRENE BEDARD

JEWEL

KHLEO THOMAS

MARIO CHALMERS

MARTY BECKERMAN

MATT CARLE

MIKE GRAVEL

RAY MALA

SARAH PALIN

SCOTT GOMEZ

SUSAN BUTCHER

TOM BODETT

TY CONKLIN

WALTER HICKEL

Wine Making

```
V R B T O F P R R N Y Y C N O
E E M K A D T W P H T R U A I
B R T C O A J M P Z A R K L S
D J L U F Q E L T T O B S O T
M M R C S S A P I L A R D E O
K U V B F L A V O R F A X R R
Q U S I Z Y V C R E C G E W A
T T W T E M P E R A T U R E G
J T R A R L L M P O V S M X E
R P S R R T E O D S R S A O Y
K T P Y O N E K H R N J C W S
I R V A T S P G S O L I D S M
S B C R S T A N N I C T K A A
W I L C C Y R E N A E L C S C
D H C P Q U G D G N I G A L B
```

ACID	OAK BARREL
AGING	SKINS
ALCOHOL	SODA CAP
BOTTLE	SOLIDS
CLEANER	STORAGE
COLOR	SUGAR
FERMENT	TANNIC
FLAVOR	TEMPERATURE
GRAPE	VATS
MUST	YEAST

The Color Green

```
E L T R Y M E N S S L R V T S
M T C E E Q A N A X P T R S J
E W H A A I N A T R C E M A W
R S Z G S L L I M E P C D Q T
A E U R I P K D U R J E H N B
L V E E J N A I I Q G V K F F
D P X L R G D R R S E I C C R
C T T G A T O I A T S L O E B
B G P N T S R V M G W O R L Z
P A L U V E G A L F U O M A C
A W O J B R I G H T V S A D H
R L U P I O L A Q C C X H O Q
T T F O U F E R N A O R S N S
R W U C O R R O F Z P L P T N
E E Q X P S P B S R U A P Y A
```

ASPARAGUS	JUNGLE
BRIGHT	LIME
CAMOUFLAGE	MIDNIGHT
CELADON	MOSS
CHARTREUSE	MYRTLE
EMERALD	OLIVE
FERN	PERSIAN
FOREST	SHAMROCK
HARLEQUIN	TEAL
JADE	VIRIDIAN

State Soils

```
E X U N U B W I N D S O R V S
Q R D G P U S J S T A N A N A
M Y T A Z P A M U N K E Y O I
S T G T S N C T T L O E V Q T
H O W P R A T F P M Z T I E S
D N O C I G V D M N Y L F A W
G S Q O A A C P R I A A D I S
Z A M R H S Q R O U A V K S T
E R T P N P A L I T M M P K H
S F H I L O R G Z D D M I Y A
P A Q P O A T H R E E B E A R
S S B R O R I S N A P R M R N
A S A N J O A Q U I N I B Z E
T A M A S R V E W R A D X P Y
L S A B A L H C I W N E E R G
```

BAMA	RUSTON
CASA GRANDE	SAN JOAQUIN
CRIDER	SASSAFRAS
DRUMMER	SEITZ
GREENWICH	STUTTGART
HARNEY	TAMA
HILO	TANANA
MIAMIAN	THREEBEAR
MYAKKA	TIFTON
PAMUNKEY	WINDSOR

Chemical Elements

```
P O T A S S I U M R P Z A J Q
F I A O S E U R O P I U M A Z
U L S S T A N R L G S X T M R
G S U L F U R K Y E V U A U F
C H L O R I N E B R B N P N U
O A T L R Q L R D M G I R I X
C H R O M I U M E A G T R M R
L I M G T V N E N N N R O U G
I A U H O U S E U I E O P L C
E A I S H N S F M U O G R A A
V U C D H E L I U M N E Y O R
M W L S H Y D R O G E N U X B
A T A S A X L O R L H D A T O
S X C W D O T E L R S B V S N
P O I O S J C Y G M B G T M I
```

ALUMINUM	HELIUM
ARGON	HYDROGEN
BORON	LITHIUM
CALCIUM	MANGANESE
CARBON	MOLYBDENUM
CHLORINE	NEON
CHROMIUM	NITROGEN
EUROPIUM	OXYGEN
FLUORINE	POTASSIUM
GERMANIUM	SULFUR

Wind Instruments

```
B E B A S S O O N A I C L U D
M T L A T T S I R P C U X R S
C J X T K U U O A N I R A C O
P E T A S F P E U R F A S L Q
A A O O D I R E G D I D F A N
R M L B T F H M Z R O I C R R
T U O T O E X W I Z R E P I E
E I N R O H H S I L G N E N C
W N A A Y F H T U B A D O E O
R O O H B F L V L F N H I T R
I H N B L A Q U J R P I S D D
Y P B U M A L U T O I A S D E
I U T R S O P A X E P S R Q R
T E N R O C R A B F E O T V T
I D M P T I S T E P M U R T O
```

ALTO FLUTE	IRISH FLUTE
BALABAN	OBOE
BASSOON	OCARINA
CLARINET	ORGAN PIPE
CORNET	RECORDER
DIDGERIDOO	SAXOPHONE
DULCIAN	TROMBONE
ENGLISH HORN	TRUMPET
EUPHONIUM	TUBA
FIFE	WHISTLE

The Zodiac

```
I U Z D H L D L S X U V L V E
L T M A R I E S A T U R N Y M
P D A S O M R G Z G E M I N I
H I R B R R E G Y S S N B C P
H P S E Y G O L O R T S A T G
N R O C I R P A C B U N O L G
R E I L E V S Q E I C C L S P
L D P K V S O U R E S T R R Y
B I R T H C H A R T A I R E R
E C O O S L T R A U V R O T M
D T C I Q T V I R G O D E I Y
P I S D I Y Q U B H E I R P O
J O B G S V S S I K R P L U D
X N A T T R O E L T K E O J V
D S T A R S K B H A Y T T C K
```

AQUARIUS	MERCURY
ARIES	PISCES
ASTROLOGY	PLANETS
BIRTH CHART	PREDICTIONS
CANCER	SAGITTARIUS
CAPRICORN	SATURN
GEMINI	SCORPIO
JUPITER	STARS
LIBRA	TAURUS
MARS	VIRGO

Constellations In English

```
P U U Z T P R W L R E R U L G
C R S Q V E H A H A K T U S A
H F C T P A L T R H Z A T Y J
I X S R L T R N N M C J T Q L
S M I E A E E W E H R U O U S
E T K R L B C R L Z E C V S U
L I Z A R D R A G O N V U K F
G K S E A G O A T T K Z O I L
A U N B N A W S P C U C D D L
E P I R L K D R M R S Z O T S
R I W E N A R C U A Y L R L F
E C T T V S J T P R P W W E C
G I R A F F E A R H T L P E R
L X S W O R D F I S H P U K H
M R T O Q K T N A A A A A Z R
```

AIR PUMP	EAGLE
ALTAR	GIRAFFE
CHISEL	KEEL
CLOCK	LIZARD
CRAB	SEA GOAT
CRANE	SWAN
CROW	SWORDFISH
DOLPHIN	TWINS
DOVE	WATER BEARER
DRAGON	WHALE

Alphabets

```
W T V I Z G S T C G H G H I J
O G V I V L R N N I T A L F E
A D P X R R L A F V D O R K Y
K E A T O A R R E E G G G Y P
F A Z M T P G C P O R T C T H
M U A L Y I Y A G A Q O L O O
C J H U M R I R N F V K G E N
I B S C I O A T A M A R O B E
T R Y L N M H B N T S U T R T
P A L U M A N D A I C N H W I
O I V G P N M K S L W I I X C
C L H N W B A T A H L C C A P
N L N A I N C E B N I Y N I P
X E E H A R P J L Y E N S W U
I D O N L G I B E M P R Z E X
```

BORAMA	LOGOGRAM
BRAILLE	MANCHU
COPTIC	MANDAIC
CYRILLIC	NAGARI
ELBASAN	PHONETIC
GOTHIC	PINYIN
GRANTHA	ROMAJI
HANGUL	ROMAN
KATAKANA	RUNIC
LATIN	SYLLABARY

Drinks

```
A T L E H P O A C G S S O U A
K X O E N M W E K A F E G T T
R O S M M H A B S V C S L T U
T E S J A O E D F I S O X A G
E I E A P T N R E F N D M G T
R P R B P C O A B I K A C I N
A T P K L H O J D A R W L N E
L I S D E O J Y U E L A A G O
C U E S J C U B T I N T G E L
O O I I U O F T O L C N E R A
R G F T I L O S R O O E R A I
T V J F C A V A J G S I S L D
U L F D E T O N I C W A T E R
O R A N G E J U I C E X X O O
H S H D H E V R K T Y L G R C
```

AMARETTO	HERBAL TEA
ANISE	HOT CHOCOLATE
APPLE JUICE	JAVA
BEER	LAGER
CLARET	LEMONADE
COFFEE	MADEIRA
CORDIAL	ORANGE JUICE
EGGNOG	SODA
ESPRESSO	TOMATO JUICE
GINGER ALE	TONIC WATER

Working

```
I  G  U  U  U  Z  R  M  I  L  B  A  R  L  N
N  C  T  O  R  A  Q  N  D  A  O  E  O  L  O
T  O  A  T  E  P  T  R  N  N  S  B  C  E  I
I  M  I  P  E  E  M  P  L  O  Y  M  E  N  T
U  P  R  T  R  M  A  S  U  I  I  Y  N  N  O
U  U  L  V  A  Y  O  R  A  T  E  N  B  O  M
D  T  I  A  C  C  C  C  S  A  K  U  U  S  O
X  E  N  H  E  E  I  F  N  N  F  P  S  R  R
W  R  E  E  S  X  K  F  A  I  T  J  I  E  P
N  C  C  O  M  P  E  T  I  T  I  O  N  P  E
K  R  L  I  F  E  S  T  Y  L  E  W  E  Q  N
W  O  E  A  R  N  I  N  G  U  A  W  S  T  S
S  L  L  I  K  S  K  K  L  M  O  U  S  I  I
M  A  N  A  G  E  R  N  I  X  M  O  Q  A  O
R  I  I  S  D  S  H  K  L  Q  L  A  D  X  N
```

BUSINESS	MANAGER
CAREER	MULTINATIONAL
COMPETITION	PAYCHECK
COMPUTER	PENSION
EARNING	PERSONNEL
EMPLOYMENT	PROMOTION
EXPENSES	QUALIFICATION
INCOME	RESOURCES
INTERVIEW	SKILLS
LIFESTYLE	UNION

Fiesta

```
U S E M U T S O C D S O B P E
S Y A N A M G O H A G I E F P
S A S R S Y C A R N I V A L I
T E N C G R P I A C I O A A P
S T A T I I T T S E L S T M H
J A Z Z A N D B L U E S T E A
Q R N N F F H R A M M P X N N
X B U T P L E C A I A C O C Y
T E H Z O T O N E M I P Q O N
P L P H H T A W P T Z V G G A
S E O I W S O L E A O H T Y A
S C U B A S O M A R R R D O S
S M O N R N E K A G S D Y J V
U A T K A N L R J S R L S P P
T A A E T B A L L O O N S D R
```

BALLOONS	HOGMANAY
CARNIVAL	JAZZ AND BLUES
CELEBRATE	MARDI GRAS
COSTUMES	MUSIC
DANCE	PAMPLONA
EPIPHANY	PYROTECHNICS
EXCITEMENT	SANTA FE
FLAMENCO	SANTO TOMAS
FLOWERS	SEMANA SANTA
GALA	TANGO

Whale Of A Time

```
E D M M R E P S Y M G Y P G D
K W D E K A E B S E U R T E A
N A E L A H W I E S A R T R D
I R K O V S O S R J H B N E I
M F A G U L E B K U X O K E O
N S E D Y R B U M F U A R U K
R P B Z A T T P L X E J Q S U
E E S E H U B B S B E A K E D
H R D E K A E B S D R A Y A L
T M R Y C S E R D A E H W O B
R L I K Y A O S G V O R R Z C
O A A S K T H G I R Y M G Y P
N E B E C L A H W R A N J C L
T T D E L A H W N I F Y P L I
T T H G I R N R E H T U O S L
```

ARNOUX'S BEAKED

BAIRD'S BEAKED

BELUGA

BLUE

BOWHEAD

BRYDE'S

DWARF SPERM

FIN WHALE

GRAY

HECTOR'S BEAKED

HUBBS' BEAKED

HUMPBACK

LAYARD'S BEAKED

NARWHAL

NORTHERN MINKE

PYGMY RIGHT

PYGMY SPERM

SEI WHALE

SOUTHERN RIGHT

TRUE'S BEAKED

Muscles

```
O M J S I L A T N E M S S S G
F L G P U S U E L O S I A S T
P T S A T G K M U T J T V G Y
I S S A R S N P B T R I S S P
S U U V R H B O R R H P A Z M
G I I S A G P R L N I A R L D
O Z D U R O T A T O R C U F F
P E E E Y E G L I R S J A S Y
Q P P T T U V I I D Z E L L O
A A A U E R J S U R E C O R P
T R T L N R O C N A S A L I S
W T S G O R K L Z A F T R S T
L R S D I O B M O H R W I L P
S R R U D F K S D E L T O I D
R S S P E C I B R E V I S V P
```

ARYTENOID	NASALIS
BICEPS	PROCERUS
BREVIS	RHOMBOIDS
CAPITIS	RISORIUS
DELTOID	ROTATOR CUFF
DIAPHRAGM	SOLEUS
GLUTEUS	STAPEDIUS
LONGUS	TEMPORALIS
LUMBRICAL	TRANSVERSUS
MENTALIS	TRAPEZIUS

Crabs

```
A B P C O M M O N H E R M I T
I I Z O I R S K E A U R B E I
R E N T R I O I I O C S V O M
B C T W F C D Y F I D D L E R
R E R O O P E P S W S K N G E
N R P K P R R L S T O N E N H
V C I J Z E B R A H E R M I T
P O A O D N A L S I E R T K E
R C L K N T Q R U S N O W N L
A O I K Y H O R S E S H O E R
U N B A Z C V P H P K I K D A
G U F B K T O W I F L I A L C
R T W E E N U D C P Q A N O S
O A N V G R E L P D L V P G V
D T Y E C R A D O E A S A D E
```

BLUE KING	PORCELAIN
BROWN	RED KING
COCONUT	ROBBER
COMMON HERMIT	ROCK
FIDDLER	SCARLET HERMIT
GOLDEN KING	SNOW
HORSESHOE	SPIDER
LAND	SPONGE
MITTEN	STONE
OYSTER	ZEBRA HERMIT

Mexican Food

```
W G A Q W T A T X W W J T I G
A A R H D D I T U S T A J T O
S D B S U E N R A C O A G G U
A A A U A Q Y J Q T S T C O O
A L R L R S A L Q N A C H O S
C I L E O R L T U S L B Y A S
E H P I H J I A E E L O R O D
I C O R T C I T S M I T R G I
T N L S T R A R O P D A S R A
U E L U L N O R F A A G U D T
N V O O D E U T R N S A G A D
A T I R G N A S E A E F T S E
A R O B O B A S S D U H A X O
R A E O J J P P C A Q X D Q M
E I G U A C A M O L E T O P N
```

ABOBORA	NACHOS
ACEITUNA	PAN DULCE
ARRACHERAS	POLLO
BATATA	QUESADILLAS
BURRITO	QUESO FRESCO
CARNE	RAJAS
EMPANADA	SALSA
ENCHILADA	SANGRITA
ENFRIJOLADA	TACOS
GUACAMOLE	TORTILLA

Hamlet

```
O F R U A Q O T H E L L O T A
T I A G O P H E L I A K J N G
T E I N I O B D P D E R S R X
P G B T T Z C U O E R G A T E
F H G E A T A R L Y T V N C T
M K U L R N S T O T E R O C R
X D R M O A S R N D S S M L D
H U S A H R I E I P E Z E A G
I O H H M C O G U L O G D U O
L M L X K N G O S F H G S D K
P R I N C E E I M O T R E I R
I R O V R S N D S L M I D U S
P O R G F O R T I N B R A S I
N Z I H R R A A E U X J J R O
U S F E A Y T Y K F R R M A E
```

CASSIO

CLAUDIUS

DENMARK

DESDEMONA

ELSINORE

FORTINBRAS

GERTRUDE

GHOST

GRAVEDIGGER

HAMLET

HORATIO

IAGO

LAERTES

MOOR

OPHELIA

OTHELLO

POLONIUS

PRINCE

ROSENCRANTZ

YORICK

Bags

```
A S L U R A E D S U E L N V S
S K P E S A C F E I R B G T Q
V R Y I S S U I T C A S E A A
U T U T U S H L T C W I T O R
J Q L M I P K O K S D O U G T
P A P E R N C P U E A O J D Z
U R J I H S A D D L E L P D E
O X I X R C S V P B D P P W S
R J S L K D T P G E U E A W H
D O G G Y M B A G R O L R E T
A C R Q R S B S S L L A S B A
H S V D L D N E K E E W M S V
O R N S N O K I T B A G E G W
C R T A R S O E P R N R I R T
G C H C T U L C X I R U L E A
```

BACKPACK	PLASTIC
BRIEFCASE	PURSE
CLUTCH	SACK
COOL	SADDLE
DOGGY	SATCHEL
GYM BAG	SHOULDER
HANDBAG	SUITCASE
JUTE	VANITY
KITBAG	WALLET
PAPER	WEEKEND

Sunflower Species

```
E N I T N E P R E S G E K C F
U K R D A T B S A D M M U K E
G P C E D R H B R I V C K P W
N M O A T O G I E D U S J E L
O A M T W S I W N M G X S U E
U W M Y H C A E B L T T O O A
K S O S I L V E R L E A F T F
X A N O Z I R A H R A A M L O
N O Q X D L B O N T W A F A C
R D D J E L R E A P U F T K U
K O L A T A A L G O D O N E S
R V F L R F K N F F I T S S I
R I S A M A P S D R K R A I C
W H G E L F P E Y I S L S D K
S Z A I K I S P R A I R I E S
```

ALGODONES

ALKALI

ARIZONA

BEACH

COMMON

CUCUMBERLEAF

CUSICK'S

FEWLEAF

LAKESIDE

PARADOX

PRAIRIE

SERPENTINE

SHOWY

SILVERLEAF

SOUTHEASTERN

STIFF

SWAMP

THINLEAF

WESTERN

WOODLAND

ER

```
R P E T E R B E N T O N S O A
M A U R A T I E R N E Y R A L
E R I Q L A S A L L E X S M V
D M C U Y E N E E R G K R A M
D I E S I W E L N A S U S R L
O N C R I C H T O N R N R D A
U D G P G J H C N I F O E L C
G E O R G E C L O O N E Y A H
R R G O R A N V I S N J I C I
O N P A U L M C C R A N E I C
S A E N O A H W Y L E Y A D A
S G W J O H N C A R T E R E G
D R A W A Y M M E I O C F M O
I A G N I N N U R G N O L R X
B S E N N I A R U A L E M A I
```

CHICAGO	LAURA INNES
CLEO FINCH	LONG-RUNNING
CRICHTON	MARK GREENE
DOUG ROSS	MAURA TIERNEY
EMERGENCY ROOM	MEDICAL DRAMA
EMMY AWARD	NOAH WYLE
ERIQ LA SALLE	PARMINDER NAGRA
GEORGE CLOONEY	PAUL MCCRANE
GORAN VISNJIC	PETER BENTON
JOHN CARTER	SUSAN LEWIS

At School

```
S R R S R J W E J A N X Y D D
E G E L L O C N I I Z I C L I
D D H I N I N P U V P U O O D
A S C A Y L I B R A R Y D T R
R O A F Z X L A S R T K I U E
G O E D U C A T I O N C P T F
E X T N A D U C B M R X L O W
A T F M I D U H O M E W O R K
P A P I E L V U R F N D M I Y
A U N N U P P R I W R G A U O
S J T M R O F I N U A V R C X
S A F P M T Q E C D E P K W A
T I Q A I A F I S S L L S P C
K S L O O H C S H G I H R O X
R E C R S I I E T A U D A R G
```

ACADEMIA	HIGH SCHOOL
CAMPUS	HOMEWORK
COLLEGE	LEARNER
CURRICULUM	LIBRARY
DIPLOMA	MARKS
DISCIPLINE	PASS
EDUCATION	STUDENT
FAIL	TEACHER
GRADES	TUTOR
GRADUATE	UNIFORM

Oak Trees

```
T L K K S C H E S T N U T N T
E P T A H I H R A U W Y E D C
N I M O T H Z I P U C R E V O
X N L L A T T U N H T C E T R
L M S H Y O N W A K I N S R K
K T H D J O R R B D A E O T H
D N U V G T D C U I R P D L J
N I M R B W C O R Y N G I B H
O P A U O A U A W B L P H N U
P U R O P S G S C A R L E T B
O C D U D N L T W V T K O O T
S L S J U K S L I X C E U H Z
T S Y H X W H I T E O T R D Y
L E U G G S E V E R G R E E N
R N D E R N R E H T R O N A P
```

CHESTNUT	NORTHERN RED
CHINKAPIN	NUTTALL
COAST LIVE	OVERCUP
CORK	POST
DECIDUOUS	SAWTOOTH
EVERGREEN	SCARLET
HARDWOOD	SCRUB
HOLLY	SHUMARD
HOLM	WATER
HUNGARIAN	WHITE

'C' Words

```
K Q P Y D C H R I S T M A S S
B U K X J E C A T H E R I N E
I E E W E R S H C A P E N S A
X C D T R E S B P U O T R O E
E O O T R M G C S U O U O C H
L L Z P U O O G I X Y P F A U
C O N J K N F L N O S M I R C
O R X J S Y T M U I K O L E W
O L Y O D A P S O P N C A F I
F Z R P R P T L E C U N C U P
T T A M T Q B D L H L P U L E
A P G R E I L A V A C O R C T
A B L N R U C K R W S W S N C
E T A E R C I R C U S B Y E A
O S C O U G A R A E L C S K T
```

CALGARY	CLOSE
CALIFORNIA	COLOR
CAREFUL	COMFORT
CATHERINE	COMPUTER
CAVALIER	CONSORT
CEREMONY	COUGAR
CHESTNUT	CREATE
CHRISTMAS	CRIMSON
CIRCUS	CRYPTIC
CLEAR	CUNNING

No 122   **Islands Of South Carolina**

```
L S K Z E S S I K W N O I Y P
Z R L L G P H I U I L X P B O
O B P L X S P L R M A T J O Z
D A U F U S K I E R K W W W Z
R A D E C B A R R I O R A O L
S Y E L W A P R F F O M L H T
T O L H M F G O G G R T A S S
E X Y E N T R U O C B P M S D
E D I S T O N H E F A V D Y Z
S O S A I N T H E L E N A K T
H S I Q Z F O L L Y S W W C S
J S R N H U N T I N G R E A S
R L R R J M U R P H Y L S L K
E S A P D R B L L O U C E R L
B Z P K A R I V S P A Q A W S
```

BARRIOR

BULLS

CEDAR

COURTNEY

DAUFUSKIE

EDISTO

FEWELL

FOLLY

FRIPP

HILTON HEAD

HUNTING

KIAWAH

LACKYS

MORRIS

MURPHY

PARRIS

PAWLEYS

SAINT HELENA

SEABROOK

WADMALAW

124

Types Of Music

```
T W L I F N Z L D L T S L S E
S L R M O E L N A A P R A O M
Y T I L T C O Z I W R S T A T
T R W A B P S A R T P J M R W
G M T R L A C I S S A L C V O
K O N N E T R T D Z J L J X K
O C S O U G E R Z J J R Z M A
P N O P R O G R E S S I V E G
G A H R E V C A N U R A C T E
S T Y C D L E Q E A T K I A S
T E X P E R I M E N T A L L P
G B U F V T A P O H P I H O R
S O U L U T U H O U S E V K F
C E H E B N G T U D P A P E I
P A M G K L K C S U P I E C X
```

ALTERNATIVE	HIP HOP
BLUES	HOUSE
CLASSICAL	JAZZ
COUNTRY	LATIN
DISCO	METAL
EXPERIMENTAL	PROGRESSIVE
FOLK	PUNK
FUNK	REGGAE
GOSPEL	SOUL
HARD ROCK	TECHNO

Automobiles

```
E A Y N R G I Z S X H Y D T A
I N N P O J Q I N X K L Z S I
D R X C O I H E I X D F T T H
U U A L I N C O L N O A J T E
E T G L R T T S L S D L I I A
O A E N P W R I C D G C Y A M
X S A Z A M T H A A E O R O W
Q F R O N T E N A C H N P W K
P S C E B V S T A U P J R A E
Y R U C R E M U M R B O R L C
D K F O R H O M M U U I G T K
J L L M S A E I I S R D E H M
R E L S Y R H C A D I L L A C
T H E I E T K E S U P R E M E
Z K R P O D X I P S L S A W D
```

BUICK	JEEP
CADILLAC	LINCOLN
CHEVROLET	MERCURY
CHRYSLER	MUSTANG
DODGE	PONTIAC
DURANT	SATURN
FALCON	SCION
FRONTENAC	SUPREME
HOLDEN	TEMPLAR
HUMMER	WALTHAM

Taste Buds

```
P M R O F I G N U F P B Q G A
R E T A L L A V M U C R I C A
O T E T A L A P T F O S R L E
R A S A S P T T C T A I N M R
B I O S K A R E C E P T O R S
L L P T L T L N Q Q N T I O O
K O H E I E O T U M O O T F U
I F A P K A N N Y C I L A I R
S E G O E L S N G K T G T L Q
B U U R S L A A A U P I S I S
G I S E H I K S V H E P U F I
S N T S A P O H W O C E G E N
L S W T P A I B B E R N D R T
I S H N E P N R O V E Y O A S
F O I X P R S S X O P T S I T
```

BITTER

CIRCUMVALLATE

EPIGLOTTIS

ESOPHAGUS

FILIFORM

FLASK-LIKE SHAPE

FOLIATE

FUNGIFORM

GUSTATION

ION CHANNELS

PAPILLAE

PERCEPTION

RECEPTORS

SALTY

SAVORY

SOFT PALATE

SOUR

SWEET

TASTE PORES

TONGUE

Birds Of Prey

```
C R E S T E D C A R A C A R A
L E R T S E K N A C I R E M A
W D N O C L A F R Y G X P R N
O F Q L W O D E R R A B R S T
N O B M S V O G R A Y H A W K
A O O P L N E P M E R L I N R
I T R I I P R L E R E I R Q K
G E E L F O W L G R T O I R L
Y D A P R N J Z R A S S E S E
T F L W O Y W O N S E H F P I
S A O K W A H E D I S D A O R
T L W O D E R A E G N O L W R
I C L E K W A H E N A R C A K
A O O E L G A E N E D L O G B
S N A I L K I T E F L E N S Q
```

AMERICAN KESTREL	GYRFALCON
BALD EAGLE	LONG-EARED OWL
BARRED OWL	MERLIN
BOREAL OWL	OSPREY
COOPER'S HAWK	PRAIRIE FALCON
CRANE HAWK	RED-FOOTED FALCON
CRESTED CARACARA	ROADSIDE HAWK
ELF OWL	SNAIL KITE
GOLDEN EAGLE	SNOWY OWL
GRAY HAWK	STYGIAN OWL

Opera Characters

```
P P Y B V R A H F C U P I V U
P O L H J S A G I O R G I O P
B B L R E N I L L O C O V Z U
I I A L D D U B Y L L I B R R
Q P E Y E T L I C E Y K T P U
U O F L O R A I T X A O P O A
A L F R E D O T H M A P I S I
U L R M R C A P N N M M N A P
S E V M I M I E E A N T K I S
L C R O G O R O N L S U E D A
R R S O P I A L L E B A R A S
M A R Y S T U A R T A B T B W
N M Q S Q V I K U Z U S O E I
L Y L P S R E R S K P L N Y R
P C T P N J A U Y C S R F O X
```

AENEAS	GIORGIO
AIDA	GORO
ALFREDO	LEPORELLO
AMNERIS	MARCELLO
ARABELLA	MARY STUART
BILLY BUDD	MIMI
BRUNNHILDE	PINKERTON
CIO CIO SAN	POSA
COLLINE	SUZUKI
FLORA	VIOLETTA

Money And Finance

```
J Y W H O I U A G L X A D L E
K E X P E N U B N I R S S Q M
U Q L A R T E C N A R U S N I
Y A B P P E W D A B J S A P R
C L A E R R P O L I C Y M Y P
N T N R E E L R R L I O W R B
E E K M M S O V O I R S U Q U
R P N O I T A Z I T R O M A S
R L O N U R N E G Y S T N D R
U S T E M A I A L E I E L S C
C T E Y D T G S N U C J V A H
W O R C S E N O J W O D S N W
H C R G R L B I A S S H L R I
S K V X Q L X T I D Z S R Y A
I R A I Z M B A B V J S U P O
```

AMORTIZATION	LEASE
BANK NOTE	LIABILITY
CASH	LOAN
CURRENCY	MORTGAGE
DEBT	NASDAQ
DOW JONES	PAPER MONEY
ESCROW	POLICY
INSURANCE	PREMIUM
INTEREST RATE	STOCK
INVESTOR	SUBPRIME

At The Movies

```
S D M Q N U S X W T T E T K I
T D T T J O I D U T S Y Z O O
A N M B R Z I Z N R O C P O P
R U N N I N G T I M E X E R N
T O N D U G S H A C O M E D Y
T S T O O S S L T M A M A R D
I D L C I R H C H A I R S Q T
M N H R A T C E R E R N P U L
E U P L G A C T R E S S A A X
M O V I E T H E A T E R O B S
N R E K C I L F J Y P N A D B
R R E T S U B K C O L B N D A
E U A U E F E A T U R E A A I
Y S Q I R C P T Q L T P P Q B
S O A L N R X M A R M J A D I
```

ACTOR

ACTRESS

ANIMATION

BIG SCREEN

BLOCKBUSTER

CHAIRS

COMEDY

DRAMA

FEATURE

FLICKER

MOVIE THEATER

POPCORN

PREMIERE

PROJECTION

RUNNING TIME

SODA

START TIME

STUDIO

SURROUND SOUND

USHER

Pine Trees

```
C B A U T W W P C F T X I Z E
Q R H K N E X O S S E F R R S
O R O F B A A I L N F S N T Y
P R L D B R I S T L E C O N E
M O U N T A I N O U E C Y W L
V C U B A N Z B R R S Y N T A
F O X T A I L O X O E U I G L
A I E Y U O R R R N F D P O P
K G B U L L W T L T Y I N P L
S T P L B B H H S T T G L O P
I T Y I P D I S U U L J C A P
E N C N T R T U G E A A L K C
Q K I L A C E B A R K C A L B
A N B D R A H F R I U K A O N
P O X T L R A E I P C R T S T
```

AUSTRIAN

BLACK

BRISTLECONE

BULL

CALIFORNIAN

CUBAN

FOXTAIL

HARD

JACK

LACEBARK

LOBLOLLY

LONGLEAF

MOUNTAIN

PINYON

PITCH

PONDEROSA

SCOTS

SUGAR

WHITE

YELLOW

Law And Order

```
S B A G D I T P M E T N O C S
Y T I N M E D N I T M A I J T
P A E O S L Q O E G D U J U O
C L Q I A E L I A M A R W D C
G O E T B Z G T R U L I N G A
R G U A R D I A N E S U L M S
H E A R I N G S M A Q A N E E
J G L T T I P U T A A U B N L
A A L I B I L C O U D A I T A
S Z Z B F D E C R E E I U T W
V F O R C E M A J E U R E A Y
I G B A R R I S T E R O V L E
G J S J L T G V R G C V A W R
O E P W Y H R F I J G U S M R
A U E H E S S E U I R R R P C
```

ACCUSATION	EQUITY
ALIBI	FORCE MAJEURE
ANNULMENT	GUARDIAN
ARBITRATION	HEARING
BARRISTER	INDEMNITY
CASE LAW	JUDGE
CONTEMPT	JUDGMENT
COURT	LAWYER
DAMAGES	PLEA
DECREE	RULING

Mayors Of Chicago

```
R B G N S P H N R A C R R P E
U Z V V K N H I B Y R N E A U
L R R R A T I I R K E A Y U S
S O C E R M A K Z D A B W W X
F S D E T O U Y P I D U A Z M
L H V U T H C J A O C S S Q P
T E W E N T W O R T H S H S J
D R C I D N A L I B H E I T Q
H M E L Q D E U U I T L N M Y
M A O I N A O R W H M E G I L
O N E M G L N L E B R E T E L
L R O C H E T H O M P S O N E
R I E I O Y R Y L L E N N E K
R O D Y Z S E C I I T S W Y M
Z V A O D G H L B S R T Q P T
```

BILANDIC	HOPKINS
BUSSE	KELLY
BYRNE	KENNELLY
CERMAK	ROCHE
CORR	SAWYER
CREGIER	SHERMAN
DALEY	THOMPSON
DEVER	WASHBURNE
DUNNE	WASHINGTON
DYER	WENTWORTH

Water Words

```
O W T R T A M I P R W A O U R
T M F C A H B D R T Q S V R R
Z U A A X B G U R V W H E E L
J P O O I O T I F A L L T S E
T T X H E T A I T F G Z A T U
L I R T A S H E D L A V G O Y
P N Y R R B R E P E L L E N T
V A T C I L H U L S G K O E X
E V T S O M O S O B P G P S A
J D O O X L E Q A C A J O H T
W T S T R P O S P O U T W L J
O E B W U B I R G A X A E S L
C E R T S K O Y U N Y S R D F
U D V T S O Q S R S I D E I F
T O D S F P Z A R M A W A R M
```

BUFFALO	SIDE
COLOR	SKIS
COURSE	SPOUT
FALL	STONES
GATE	TABLE
LOGGED	TIGHT
POWER	WATERLOO
PROOF	WAYS
REPELLENT	WHEEL
SHED	WINGS

Aviation

```
D X R T N O R E L I A R E R E
E L U A H T R O H S E R F R X
T W R N K G J Z T L Q P O R V
S U B S O N I C T A N S W U J
U G E P E I A L R O G R M A Q
R T R E R U U B F E L I A W G
H T I E X A N O S E D I V E B
T A R D H C A M U D Y I P A E
S K U G K P L Z T U I E L X N
D E N I P S L I A T H R D G R
P O W J Z O A K X I F U F E U
L F A E O X T K I T A R V I R
H F Y P S S S T L L U N Y L X
O U B O W M P R L A O O K X W
S H L A M P T X R I I Z C Z J
```

AILERON	REDEYE FLIGHT
ALTITUDE	RUNWAY
BANK	SHORT HAUL
GLIDER	SPEED
LONG HAUL	STALL
LOOP	SUBSONIC
MACH	TAILSPIN
NAVIGATOR	TAKEOFF
NOSE DIVE	TAXI
PILOT	THRUST

Linkin Park

```
T L F A M T C L N C T K R T V
A H Y A W A N U R R U L P V V
J A I N R O F I L A C O B G Y
G G G B W R H P T W R N I N V
Q K R O E A E A V L E E T O E
P S O A U N K L H I P S S I Q
E H C R M R N E L N A T N T O
E I K O T M A I F G P E O A A
P N B E U X Y H N I F P S M A
K O A T G N U W I G E C L I A
N D N E E H T N I L T L E N S
G A D M G S O B P N L O D A Z
E T M O B O U R D O N S N E A
A T R H Y B R I D T H E O R Y
N W W S K O Z I O L E R R Y U
```

AGOURA HILLS	IN THE END
BENNINGTON	KOZIOL
BOURDON	METEORA
CALIFORNIA	ONE STEP CLOSER
CRAWLING	PAPERCUT
DELSON	REANIMATION
FARRELL	ROCK BAND
GRAMMY WINNER	RUNAWAY
HAHN	SHINODA
HYBRID THEORY	WAKEFIELD

Conjunctions

```
M C F A T O W E I S T D I O U
J F E B Y T H E T I M E V O S
U B U F I N E V E A N L T T I
T Z B E F O R E B N H C S U R
U S D U T C E N P D S T A T U
D N O W T H A T W A K I O S V
P U L H O R S H N W E N N S E
K T W E K L E O L Z C N B C R
S R F H S R O U I E F E T W E
P S S G E S I G T Z C S H R T
L T G V S N A H N A S R A P F
R P E A L T H O U G H Y I Y A
T R R O T L E S T P G P R I R
O T W H I L E W K C Y B O T Y
M O I T E I J A L K P P T P B
```

AFTER	NOW THAT
ALTHOUGH	ONCE
AS SOON AS	SINCE
BECAUSE	SO THAT
BEFORE	UNLESS
BY THE TIME	UNTIL
EVEN IF	WHEN
EVEN THOUGH	WHEREAS
IN CASE	WHEREVER
LEST	WHILE

Feeling 'Blue'

```
P N M P L B I J U U Y P D R M
L A Y O R N A V Y C B G D R J
G P O W D E R U Z A R J A P G
I R P I I P W I K A T D L L R
C U G A S M E O R A L R N E J
C O X K A A N R L L Z I W R T
C E R I H P P A S F R Z C A I
O O R E P E R I W I N K L E W
B F L U E N I R A M A R T L U
A A E U L E E T S L V N O I J
L V O N M E G D I R B M A C T
T I Y B A B A N I L O R A C C
U R X T H G I N D I M S J P S
S P R U S S I A N E L O B D U
B X X V Z F I J H T W P R S B
```

ALICE	MIDNIGHT
AZURE	NAVY
BABY	PERIWINKLE
CAMBRIDGE	PERSIAN
CAROLINA	POWDER
CERULEAN	PRUSSIAN
COBALT	ROYAL
COLUMBIA	SAPPHIRE
CORNFLOWER	STEEL
INDIGO	ULTRAMARINE

Character Types

```
Y G W O T H R I S Q C S O B W
Q N E Q M E Z R S I I K O N H
B I I H S I L O O F F Z W A L
O R T H O U G H T F U L P T T
L A C I H P O S O L I H P R O
E D S N C O U R A G E O U S T
V I L L A I N O U S U I N E G
I E G C G L E M O T I O N A L
T N W T H W A S C T N R C A P
A I T E V I T C E L F E R U M
E O M R U Q Q U I E T H V C U
R P K I E V A R B G U E I D S
C E X A D P S C A L O O F U A
M S D A S H I N G E T L R F S
Y A I P L T C D I S I V E J A
```

ADVENTUROUS	HERO
ALOOF	INTREPID
BRAVE	LOGICAL
COURAGEOUS	PHILOSOPHICAL
CREATIVE	QUIET
DARING	REFLECTIVE
DASHING	STOIC
EMOTIONAL	THOUGHTFUL
FOOLISH	TIMID
GENIUS	VILLAINOUS

Snakes

```
V E N B O O M S L A N G M A N
E E S O N H C T A P R O C U U
L U B A H E M I H U S L O D S
C K C C Z T E N O H T Y P H L
R C D O A N A C O N D A P A S
E A A N T P U F F A D D E R I
T B T S I T E T A O T K R L R
S D I T C L O C G G G M H E A
A N R R L A B N O G R A E Q F
M O H I D E B S M B P M A U K
H M O C B S S E A O R B D I Q
S A E T I B N N L X U A O N K
U I N O R S O A A R E T R A G
B D Z R U I I N K K H T H U S
X Y Q E Y N P X N E E E O O I
```

ANACONDA
BIRD SNAKE
BOA CONSTRICTOR
BOOMSLANG
BUSHMASTER
CAPE COBRA
CASCABEL
COPPERHEAD
COTTONMOUTH
DIAMONDBACK

GARTER
HARLEQUIN
HIMEHABU
MAMBA
PATCHNOSE
PUFF ADDER
PYTHON
RATTLESNAKE
RIBBON
TEXAS BLIND

Wise Old Owl

```
C F S H O C A P E E A G L E C
O E L C A T C E P S R Y L W D
M A D E A D E T S E R C E U L
M R Y E I P A J A S T U S I T
O F A R K N E T I O S K S S H
N U B C Z S E P G S Y X E P S
B L O S Y R A I Y E N A R O I
A J G N S L A M A G S A M C F
R O N O I N D G N M M V A S N
N H O M H X L Q R A A Y S N W
E T C A D E L T T O M N K A O
Y L W N T R P I F W E A E I R
R K C N B R O W N W O O D D B
T A L I A B U M A S K E D N P
S P O C S S E R O L F I H I A
```

ANDAMAN MASKED
BROWN FISH
BROWN WOOD
CAPE EAGLE
CAPE PYGMY
CINNAMON SCREECH
COMMON BARN
CONGO BAY
CRESTED
DUSKY EAGLE

FEARFUL
FLORES SCOPS
GREATER SOOTY
INDIAN SCOPS
LESSER MASKED
MANED
MOTTLED
SPECTACLE
TALIABU MASKED
TOGIAN HAWK

Observatories

```
E Y G G T G A L R D L U T X A
Z T L A I T S E L E C M M M N
X A V D R A W E T S R O O O T
L S K E W I I D M E A U U U L
L V A K R I Y I J R N N N C J
I E E P O I N S V T D T T H R
H R P G I L T E L E E L W T A
T U T Z A H D A R A R E I I M
O A N O T B G R S G S M L F O
O Z O Z M U R B T L O M S F L
F S M F N E R A H E N O O I A
F N E A L S A D Y S M N N R P
T A R E K A R O N R E V O G I
U S F J S A S I R B S A L I S
V B I Y K I T T P E A K T F G
```

ANDERSON MESA

BRAESIDE

CELESTIAL

DESERT EAGLE

FOOTHILL

FREMONT PEAK

GOVERNOR AKER

GRIFFITH

HIPAS

KITT PEAK

LAS BRISAS

MOUNT LAGUNA

MOUNT LEMMON

MOUNT WILSON

PALOMAR

STEWARD

VEGA-BRAY

VERITAS

WINER

WIYN

Mythical Creatures

```
E O V X A C H A R Y B D I S Q
P M E L U S I N E W V J V O A
O R Q E O T P T C N A A T R W
H L M D H W P R P L O R J O B
N S U N I C O R N A M T O B G
E C I O X C C B X I T D I O E
E Y B E O E A A P B W A A R S
U L R T N S M Y S O W X G U T
U L T T I A P F S C C Z R O Y
A A A L F T I E Y U L Q U F N
M U I R F Y S A R R F E R R O
R S P W I R I L D R Y A D I A
K R W T R O L L B S W S I W K
A D R A G O N I O D I N L R E
J P S S H H D M C Q L G L R Y
```

BASILISK
CENTAUR
CHARYBDIS
CROCOTTA
DRAGON
DRYAD
DWARF
FAIRY
GRIFFIN
HIPPOCAMP

MELUSINE
NAIAD
OUROBOROS
PATAGON
SATYR
SCYLLA
TRITON
TROLL
UNICORN
WOODWOSE

Antony And Cleopatra

```
R A J T A T R X A S Q G B E G
P T N U L D E U L E N L A G S
S S H A K E S P E A R E V Y Y
H U A U V G B A X I E P H P R
I U B E E M O R A V Y I R T I
N K O R H T R T N A A D X T A
H F C Y A T M H D T S U X T T
A U R L M B O I R C H S M U W
W L P A E A O A I O T P A C H
E V O T S O C N A S O F A U A
Q I M I S Y P W E T O E I S D
I A P P I R G A Q T S W A T B
P Q E O N A B R T A T H A T U
K I Y O A R P X R R J Z R I W
P U W Y Z Y N O T N A A V R A
```

AGRIPPA	LEPIDUS
ALEXANDRIA	MESSINA
ANTONY	OCTAVIA
ATHENS	PARTHIAN WAR
CAESAR	POMPEY
CLEOPATRA	ROME
EGYPT	SHAKESPEARE
ENOBARBUS	SOOTHSAYER
FULVIA	SYRIA
ITALY	THE ASP

The Everglades

```
L P T A R M F L O O D I N G T
S I M S Q T E B A O T R E P O
S N M S E U E D E U I N E A C
A E E E O H I A A V G E B I A
R S B T S R S F E D C P O S O
G S M R O T S R E D N U H T D
W O S L P O O H A R E K C N W
A J F A E F S N T M S B E O E
S M A N G R O V E F O R E S T
C Y P R E S S S W A M P K A S
M L A T C Y C L O N E S O E E
D S A K S U G A R C A N E S A
S W E T L A N D S T L P K Y S
L R D H A M M O C K S P A R O
S A S U B T R O P I C A L D N
```

AQUIFERS

CYCLONES

CYPRESS SWAMP

DRY SEASON

FLOODING

FLORIDA

HAMMOCKS

LAKE OKEECHOBEE

LIMESTONE

MANGROVE FOREST

MARSHES

PINES

RIVER OF GRASS

SAWGRASS

SUBTROPICAL

SUGARCANE

THUNDERSTORMS

WATERSHED

WET SEASON

WETLANDS

Types Of Worm

```
F C H R I S T M A S T R E E M
Q T A P E E J E T D I Q I E R
D S I O B T H R E A D L E N R
V P B Q W Q U C O U R M K L G
R P D E U G E P N H O M A C F
Z G R R X A S U M I A R Y I O
I C A L X X N M K O T S O W C
S A E K I W T H B U C A S O I
T T B J E N L T T L U L J U R
Z E Y E X I R A Y O A T G N O
A B L A C K P H O R O N I D O
H W O R L K A E R M T W A U M
N D O T A L F T A R E E V S Q
O R W H E A R T T U S A N D M
A B U R G L O W O I A I L O S
```

ARMY	MEAL
BLACK PHORONID	RING
CHRISTMAS TREE	SAND
COMPUTER	SCREW
EARTH	SILK
FLAT	TAPE
GLOW	THREAD
GRUB	TOMATO
HEART	WOOLY BEAR
INCH	WOUND

Gourmet Eating

```
L N I N T R T O G R A C S E H
S E L L E R E T N A H C T D R
M R S S D O U B L E C R E A M
O O C E M W P D R A R C I N V
R P O Z D O L X I M H V Q E E
E A H C S R K W S I A U V P T
L S C W A D U E R C A O R A A
S T N M E S S E D I B P V T P
A A A G E D B A L S A M I C E
F T I D L U J S R F A R S R C
F S G X T H E P I G S L S Y O
R C L T G G E W O I E G M E R
O T E R G A M K C U D I O O I
N R B S E L F F U R T U O T N
A E A S K Y G O L D L E A F O
```

AGED BALSAMIC	GOLD LEAF
BELGIAN CHOCS	MORELS
CAVIAR	NERO PASTA
CHANTERELLE	PATE
DOUBLE CREAM	PECORINO
DUCK MAGRET	QUAILS' EGGS
ECHIRE BUTTER	SAFFRON
ESCARGOT	SMOKED SALMON
FLEUR DE SEL	TAPENADE
FOIE GRAS	TRUFFLES

Romance

```
B N G M A R R I A G E I R V A
P O O F N T U O Y A D D A V W
S I P I E V T E A C R V E J A
H T A R T A W R W E Z E Y M E
T C U S T C H L A S O P O R P
H E F T I L U M D C H B L R L
T F U D M I D D N Q T B F O G
S F M A S A U T E Y U I L M P
U A U T T B H T K S U S O A X
L O V E F E L S E X S V W N W
C H O C O L A T E S I I E C P
C H R N V M N O W N U U R E O
A C E U O V T R G P G V S U T
S A S U E F L I R T I N G R L
O T R S T L N O I T O V E D M
```

AFFECTION	LOVE
AMOUR	LUST
ATTRACTION	MARRIAGE
CHOCOLATES	MOVING IN
DAY OUT	PROPOSAL
DEVOTION	ROMANCE
DREAM DATE	SEDUCTION
FIRST DATE	SMITTEN
FLIRTING	THE ONE
FLOWERS	WEEKEND AWAY

Blooming Good Names

```
J A S E R C V K E T B L M V T
Y T J E S V H T M J P Z S O J
J D A I N O G E B T L W S H K
N A S S A L R M R F H L T N I
L I M A H A D G S R L R Z A C
R A I T Z U A U M E Y S I N Q
E H N M B R I O N Y I X A G A
D Y E O D E S R A E R I R L T
N A L E R L Y E D P C T O U Z
E C N I S F Y H H A Z E L S S
V I R V L L F T C O G O F E L
A N G E L I C A T Y A U R C R
L T P O R T R E S O O P I T L
R H H I K O I H T M S S W X W
K R S R J X H O J E H O E Y L
```

ACACIA	HOLLY
ANGELICA	HYACINTH
BEGONIA	IRIS
BRIONY	JASMINE
CHERRY	LAUREL
DAISY	LAVENDER
FLORA	LILY
GARDENIA	MYRTLE
HAZEL	ROSE
HEATHER	SAFFRON

The Wire

```
P S S N O S A E S E V I F M S
Y T L U N C M Y M M I J A R Z
C C L S R A B T R C D R M E D
S H E E G V I Y B P N E A V A
I N R D A G E Y P A A A R R V
B H R I R N E I L D L L D A I
P O A B S I D R L G Y I E C D
U S H N A B C E G L R S M S S
W A O T A L A D R A A M I I I
I J R A V Y T U A S M N R L M
R N T T R E R I E N Y I C L O
E O S I B P T Y M R I D K E N
T S E W C I N I M O D E N Z W
A S A C H R I S P A R T L O W
P B M A I L L I G H T E S S R
```

AMY RYAN
BALTIMORE
CEDRIC DANIELS
CHRIS BAUER
CHRIS PARTLOW
CRIME DRAMA
DAVID SIMON
DOMINIC WEST
ELLIS CARVER
FIVE SEASONS

JIMMY MCNULTY
KIMA GREGGS
LEANDER SYDNOR
MAESTRO HARRELL
MARYLAND
REALISM
SETH GILLIAM
SONJA SOHN
SURVEILLANCE
WIRETAP

One Tree Hill

```
N I B R O C Y R R A B R W U K
J B L B A G Z K A R E N R O E
X A I R R C O A C H A L E Y I
Y S N R E O H D A N S C O T T
T K D A E K O E S F L I E I H
T E S V K Y A K L T L X A Y S
O T E E P R W B E G X D J F C
C B Y N A C A A N D A Z K X O
S A T S A X A M S A A T J S T
S L R T Q D O Y E N I V I L T
A L N O R T H C A R O L I N A
C N A T H A N S C O T T U S A
U S O P H I A B U S H L Y J I
L W R R V E C I O H C N E E T
C H E E R L E A D E R R M N P
```

BARRY CORBIN	KEITH SCOTT
BASKETBALL	LINDSEY
BROOKE DAVIS	LUCAS SCOTT
CHEERLEADER	NATHAN SCOTT
COACH	NORTH CAROLINA
DAN SCOTT	PEYTON SAWYER
HALEY	RACHEL GATINA
JANA KRAMER	RAVENS
JULIAN BAKER	SOPHIA BUSH
KAREN ROE	TEEN CHOICE

Rivers In Arkansas

```
S O Y I C A D D O B F G K B K
E H C R U O F T O X E A P R G
R P W E R M S E H C A C W P I
K S U C L E U S P R I N G U P
O E U E S F B L A T Z T A O E
G U E Y L E C W B T N C Q O I
N S A R A E E U A E O A K L E
I A U C C B V J P R R T R A P
L L H E H O R E Z E T R U F Y
L I L E N I R C N P H S Y F R
O N K I M T T O U P F L A U E
R E C T N O C A M U O Y A B S
L M O L P O T E A U R I X K Q
Q J A N T O I N E P K S N V E
P R U H P L U S S V A O E T A
```

ANTOINE	MORO CREEK
BAYOU MACON	MULBERRY
BOEUF	NORTH FORK
BUFFALO	OUACHITA
CACHE	POTEAU
CADDO	ROLLING
COSSATOT	SALINE
ELEVEN POINT	SPRING
FOURCHE	STRAWBERRY
ILLINOIS	SULPHUR

On The Car

```
H T W M U D L E I H S D N I W
R O R R I M E D I S O P R R R
L S O U K R E L C T A I A E C
S P J D N P H C A R B O D H Q
G I J M B K W A K D R N A A V
E O G V X Y G I I D E S I T F
A E D S I S N X S F S P Q S S
R A K T H G I L L I A T S P R
S E O A L V R A S P A C S A G
H A T I R G E N E R A T O R G
I S G E V B E L F F U M C K C
F H A X M H T M U D F L A P A
T I R E A O S O T C A O V L C
A I H S M R D O O J K S P U A
M U L A S N I O V F S P O G S
```

CHASSIS	MUFFLE
FENDER	ODOMETER
FOOT BRAKE	PARKING LIGHT
GAS CAP	SIDE MIRROR
GAS PEDAL	SPARKPLUG
GEAR SHIFT	STEERING WHEEL
GENERATOR	TAIL LIGHT
HOOD	TIRE
HORN	TRUNK
MUDFLAP	WINDSHIELD

Healthy Foods

```
B S S D L T T Q T V W K W A L
T S P V Y F U O Z B Q C M O L
N T O O I S S I M V R N U P A
E U P N L N O M L A S R S R S
Z O V Z O L L Z N O T R H T A
P R S C C L A B L O R O R I A
M P G L C A E C I R N W O R B
I S A U O R C M S W N P O P L
R N R T R C T U R K E Y M S O
H A L Y B G I N G E R Z S Z I
S E I R R E B W A R T S U A O
T B C S V O S A Y A P A P R B
B S C H I C K E N A D D W Y W
R O N I O N T L W R Q T A U G
W A L N U T S T O R R A C K V
```

BEAN SPROUTS	PAPAYA
BROCCOLI	RAISINS
BROWN RICE	SALMON
CARROTS	SCALLOPS
CHICKEN	SHRIMP
CRANBERRY	STRAWBERRIES
GARLIC	TOMATO
GINGER	TURKEY
MUSHROOMS	WALNUTS
ONION	WATERMELON

Orchids

```
T W I S T E D S U N O P P C J
E L N S M S T T U P U I H S R
M D U P L A G Z A R N A B C E
L U S I R R N A N K R L D O D
E S D N W E A T F M U P S P I
H K E K O E D I I E I I W P P
D Y T F B B N N C S R N E E S
E C N A L G G A E X J E E R D
N A E I E S L F I L M B T B I
I P C R P A L E S L S I O E G
E S S I D Y L F Y A M R N A I
V Q D E L J L I Z A R D I R R
D E N S E G R E E N H O O D P
R I T I N Y C A L A D E N I S
A K E E L D E L I A T H O A T
```

ALPINE BIRD	**PINK FAIRIES**
BLUE CALADENIA	**PINK FINGERS**
CHARMING SPIDER	**RIGID SPIDER**
COPPER BEARD	**SCENTED SUN**
DENSE GREENHOOD	**SLENDER**
DUSKY CAPS	**SWEET ONION**
ELBOW	**TAILED LEEK**
LIZARD	**TINY CALADENIS**
MANTIS	**TWISTED SUN**
MAYFLY	**VEINED HELMET**

Gardening

```
L E G E M A R G U U U V T T R
N D U T G C S Y N E A G R D A
N A G U L I R R C I W O E A I
N P Q N S A D J A N W A L O J
O S T R I M M E R E D O S O P
W W V P T T M R L H H E S Y P
P T O H L S N H E B E S W G R
L T F L H S S A F D U E I T U
S S Z J E S D H L E E O L V N
G O T T U T R I O P E I D I I
N P S A A B N E A V A D L S N
J M Y O K G J U W E E D I N G
R O L Z O I S E K O R L F N M
I C A J V D N E Y O L L E L G
P L M O W I N G E B R F I M T
```

COMPOST	SHEARS
DEADHEAD	SHOVEL
DOUBLE DIG	SOWING
FEEDING	SPADE
FLOWERS	STAKING
LAWN	STRIMMER
MOWING	TOPIARY
PLANTING	TROWEL
PRUNING	WEEDING
SEEDLING	WILDLIFE

Lord Of The Rings

```
R H U A S R O V O H Z T D P D
W U T H O J G C W I Z A R D K
Y O I G O L L U M N D K A O R
S R S A M W I S E G A M G E E
E N O N Y I V M E R R Y N T R
X S W D I P D S Y C K N E P A
I X L A N G H D T K T A S N E
K R P L U O G V L N O M I E B
X H O F B C G A P E W U A I G
F V R B R Q R I B N E R G K N
S E I R L A X O E O R A T L I
W T T X G I H X O R D S R O R
T K T O S A B T U U Q O T T I
L R R T L D N A T A O P R Y H
E N I P P I P M T S V E C F R
```

ARAGORN	MERRY
BILBO	MIDDLE EARTH
DARK TOWER	PIPPIN
FRODO BAGGINS	RING BEARER
GANDALF	SAMWISE GAMGEE
GOLLUM	SARUMAN
GONDOR	SAURON
HOBBIT	SHIRE
HUORNS	TOLKIEN
ISENGARD	WIZARD

Wet Behind The Ears

```
S S D S G P B E G I N N E R E
E V T N E D U T S R O O K I E
X S F A A E I P A V N R A F Z
B O E P R H B J I E P E B F Y
Y O N D O T W C D L R C Y L G
P L E Z G R E E N H O R N E O
L E O A T O Y R N T F U Q D E
V A P P R E N T I C E I L G T
I R H F A R I B B A S T S L T
X N Y A I M P P L E S O Z I U
U E T I N E T A I T I V O N Q
U R E T E N D E R F O O T G Q
C Z P R E M O C W E N P Z S D
F E P D R U E T A M A I M Z S
I W R L O K O Q N U L T J T Z
```

AMATEUR	NOVICE
APPRENTICE	NOVITIATE
BEGINNER	PUPIL
FLEDGLING	RECRUIT
GREENHORN	ROOKIE
LEARNER	STARTER
NEOPHYTE	STUDENT
NEW HAND	TENDERFOOT
NEWCOMER	TRAINEE
NONPROFESSIONAL	TYRO

Luxury Items

```
I G P S I L K S H E E T S R L
T A R M S N A E J I N A M R A
H B E T F O E F M M I S A G M
A E M O T U O I A P R T G N B
J L I S C U R S G R F O U I O
F I U D R H E C C A L N C R R
S D M X S R A A O D T M C Y G
D O W M A I N M J A G A I N H
N C H T Y G E E P B T R S A I
O O I G O C W C L A N T H F N
M R S C X E H M K G G I A F I
A C K K L A J O O W B N D I U
I F E R R A R I O V I S E T O
D N Y C A V I A R S A N S S E
S H C T A W R E N G I S E D R
```

ARMANI JEANS	GOLD JEWELRY
ASTON MARTIN	GUCCI SHADES
CAVIAR	HEIDSIECK WINE
CHAMPAGNE	JIMMY CHOOS
COGNAC	LAMBORGHINI
CROCODILE BAG	MASERATI
DESIGNER WATCH	PRADA BAG
DIAMONDS	PREMIUM WHISKEY
FERRARI	SILK SHEETS
FUR COAT	TIFFANY RING

On The Freeway

```
E T R U C K R L S U S C F P Y
X R U U R E V I R D U Z D Y P
P A S S E N G E R T S S P A T
R F B Y S N O I T C E R I D C
E F R M A G P I A N W S M N S
S I Y L E M N R A A H A O I T
S C S Q K G S L L L I S T E R
Q C R U I S E C O N T R O L T
D O U N B G I X O O E Z R R O
O P M A R F F O P I L P C U E
M S G E Z T O P R B I P Y P X
O R M J Q W I V A A N T C R I
F P M A R N O W C B E R L J R
E S T H G I L D A E H A E V I
O N U E C T Q L D M S P S T G
```

BIKE	MERGE LANE
CAR POOL	MOTORCYCLE
CARS	NO STOPPING
CRUISE CONTROL	OFF RAMP
CUTTING IN	ON RAMP
DIRECTIONS	PASSENGER
DRIVER	SIGNALS
EXPRESS	TRAFFIC COPS
HEADLIGHTS	TRUCK
LANES	WHITE LINE

Computer Games

```
R E D I A R B M O T Y A R I T
J U M O R T A L K O M B A T F
F G N O K Y E K N O D O O M O
O I N A I W M R J C A L T N P
F M N E L P M A R I O K A R T
S A S A E X A N E D L O G S A
T M D I L D E F E N D E R S N
E U I E R F F L N A M C A P A
K L O S T U A O Y B F Y F A K
K P R E E O T N R H P C R G M
E C E V P H B N T S S A O U N
N A T L F I T L A A P A G D R
O U S T I U W B A R S E G G X
R Y A R E I O F A C G Y E I P
T I K T A I H L D F K V R D U
```

ASTEROIDS	GRAN TURISMO
CRASH BANDICOOT	MARIO KART
DEFENDER	MORTAL KOMBAT
DIG DUG	NEED FOR SPEED
DONKEY KONG	PAC-MAN
DOOM	TEKKEN
FADE TO BLACK	THE SIMS
FINAL FANTASY	TOMB RAIDER
FROGGER	TRON
GOLDEN AXE	WIPEOUT

'F' Is For

```
C B C O L U F T E G R O F W Q
D R M M T R O A J O I R A U V
J G T A E E F U N N Y O M L L
W Y K E S H F I F T Y V O M U
E T D G E T R R E A A V U I S
M O I U O A P L L R C S S Y Q
M D I Y G F R E Q U E N T R P
F Y K R N F O Y S R E F F I U
A D N E I R F X R Y U F I E C
J S I E M S S S G E C U N A U
I R S S A T M R Z L I L A H A
T T E I L L A B T O O F N D T
A V S F F O R G I V E V C P Y
Z I T E G D I F L U S T E R P
V W I R Y J N A R P I O A W R
```

FAJITA	FLUFF
FAMOUS	FLUSTER
FANTASTIC	FOOTBALL
FATHER	FORGETFUL
FIDGET	FORGIVE
FIERY	FOXGLOVE
FIESTA	FREEDOM
FIFTY	FREQUENT
FINANCE	FRIEND
FLAMINGO	FUNNY

Islands Of Wisconsin

```
O C T T U A A J S S E P S E E
S R E B M A H C G U L L F A M
J U H R H N A G I H C I M G T
M G S Z U U O T I N A M V L V
F O N O R T H T W I N A M E A
A J O E U I N E K G U H R A D
T B L D T T R E E C L O O I A
E U E M I B H O V O O U N E I
Y A L A M Y H T N D T T R T R
T S V T R S Q G W W A E S R Z
A M A D E L I N E I O R L U K
F W A S H I N G T O N O T G K
Y R R E B P S A R P S T D P I
D O O W S S A B D G A L Y L M
H K X A E M C E S F E R F Q S
```

ADVENTURE	LONG
BASSWOOD	MADELINE
BEAR	MANITOU
CHAMBERS	MICHIGAN
DEVILS	NORTH TWIN
EAGLE	OUTER
GULL	RASPBERRY
HERMIT	SOUTH TWIN
HORSESHOE	STOCKTON
IRONWOOD	WASHINGTON

```
Q A K C S E I D L C O H T S J
F D V A M L O T X U I T D M E
P E S I Q U C A R T E R T A Q
C J C S T A N L E Y W P C D G
Y P J J T R L X H H T O K A J
S L O A W Q G M C M U L L E N
X T W P P O L L A R D L E J O
S D R A S S P H M S A W K C S
Z I U O J T T I U G V O C F R
J L N D M R T E H P S L E Z E
S U E C G G E E C S O E R S D
W P S U L G R D S Z T G B R N
W A N T H A G E N S E N E F A
S C E P I U I O N E R A R A P
L S J L I N T R H L P A R R A
```

ADAMS	JUSTIN
ANDERSON	LUEPKE
ANGELO	MCMULLEN
BRECKEL	PENDER
CARTER	POLLARD
DRASS	SCHUMACHER
GALLAGHER	SEIDL
HAGENSEN	SINCLAIR
HOGG	STANLEY
JENSEN	STROMGREN

Cookery Words

```
A I G G E R R S Y F X I Q L S
O J I U R M I G R I L L H P X
S D M A L A P D A L A Z Q S W
S R A U T E T R G L B J P R G
S A S G E T T E B E Y A A N S
L I H K N S R D F T F A R W S
K N E A D I N G B A I A B T O
W E R O E M N E P N S B O B J
A E U R R M O O U I L J I U I
F G D N I E I S S R U N L S O
H D K R Z R S O M A M I Q O W
S M N R E A U N F M E E R U P
S G N I Y R F G E N G S U S H
D H T E R V N T N A L B A T V
R Q I T A G I E I Z L S W A G
```

DOUGH	JULIENNE
DRAIN	KNEADING
DREDGE	MARINATE
EMULSIFY	MASHER
FILLET	PARBOIL
FRYING	PUREE
GRATE	SEASONING
GRILL	SIMMER
GRIND	STEAM
INFUSION	TENDERIZE

The Quantum

```
S N K L H E I S E N B E R G R
U R E T F C T U N N E L I N G
N Y Y Y N R O B X A M E Q Y E
I R T T O E T H C A S C E T E
E E I I I N M M E J U T P N W
T C L L T D O E P R Y R L I A
S U A I C K I T L K E O A A V
N I U B N S L U O G O N N T E
I K D A U J U K L H N S C R P
E D J B F E A V I F P A K E A
K R I O E F P Y R S R A T C C
E Q P R V R H O B S L E I N K
A I F P A T N A U Q T Q P U E
M W O H W C F A S B I I A U T
C D T A R E G N I D O R H C S
```

COHERENCE

DIRAC

DUALITY

EINSTEIN

ELECTRONS

ENTANGLEMENT

HEISENBERG

MAX BORN

NIELS BOHR

PAULI

PHOTON

PLANCK

PROBABILITY

QUANTA

SCHRODINGER

SUPERFLUIDITY

TUNNELING

UNCERTAINTY

WAVE FUNCTION

WAVE PACKET

Wool

```
S G W M E R I N O P T L L U O
T L L Y A R I K U E A A S E E
R T O U J N R A Y P R S R Y B
L T D R S D G C H U C Z J I S
N E E I A T I O T O T S V H T
H T N A H E E A R G M P O P I
D U L H Z E N R M A C R I M P
S S O L E R I S H E T L A N D
W X C E V E G E U W T A U M T
A T N M D M K W O V O E U U Q
D R I A E H N O T L E M R C A
T Q L C M S L O N G W O O L L
W E T S T A P L E L E N G T H
S J W A F C L R L Y Y H R E T
Z S T R V T H L Y T Y R T X T
```

ANGORA

CAMEL HAIR

CASHMERE

COARSEWOOL

CORRIEDALE

CRIMP

DIAMETER

LINCOLN

LLAMA

LODEN

LONGWOOL

LUSTER

MELTON

MERINO

MOHAIR

NATURAL

SHETLAND

SHORTWOOL

STAPLE LENGTH

YARN

Seas And Oceans

```
F B J J K R W P F P K O I U K
P A S O A R I A K E A C J P M
R Z R O S K R C N K G Y A G L
X O V A U C M I O D R Q T L I
S E M Z T T E F D Q E N R O B
B Y N I R J H I O T E L Q I Y
S C C I T O S C I T N A L T A
D R E L T A D S H H L G D L N
R Q L H M N N A A I A X N I X
H M E D I T E R R A N E A N L
A A B E R I N G S B D A S C Q
V S E U L U S A R G A S S O R
P R S P E C H O R A O L S L S
P U Y C U N S P T M D A L N E
S O A E P H F N M O U Q Q A V
```

ARCTIC	LIBYAN
ARGENTINE	LINCOLN
ARIAKE	MEDITERRANEAN
ATLANTIC	PACIFIC
BERING	PECHORA
BLACK	SARGASSO
CELEBES	SOUTH CHINA
GREENLAND	SULU
KORO	TIMOR
LABRADOR	WANDEL

Common Verbs

```
Z X A N E T S I L E M R N H O
P X L F I G W P D A N C E V I
E A Q G S A S V N E Q U Z M Y
T U G T T T L A N D R C L B E
I A S T C H G P U I R I B F O
C S B Y R E S J X C H J B B S
X A E F R R L E R E D L A A A
E M L A R O I L U D A K I C A
S C O P O I Y S O U I G C I S
A S N K P K G E G C A E M C A
N D G A C B Q H K A P P V T R
R I M I L E H O T T R T F O B
E Z T I M A G I N E P X O B L
Y O R A R W B R S T N S Q O P
S E J A W E T S P A J E Q G J
```

ACCEPT
ADMIRE
BALANCE
BELONG
COLLECT
DANCE
DECIDE
EDUCATE
EXCITE
EXPLAIN

FRIGHTEN
GATHER
IMAGINE
IMPRESS
KICK
LAUGH
LISTEN
LOOK
LOVE
MANAGE

Musical Terms

```
I U L T W O N O N A C R C C U
L Q O P E E I R R B Z A W O I
F Y J E D U T E U D R T X R M
I Y S A S U P X N O R E L O B
L P T T T O C P L C D C D A W
A P O L Y P H O N Y O U S K W
Q Q E A T I O S S O L R H L K
Y I O T R C R I H A A L E O P
U R I I R A U T T B L A A P B
M R R C A D S I C F A S E Y R
C Q J E V E O O A Z N L E K R
E G T R O N E N J Q O T L Y I
U X A U T C S O N A T A T A T
R F U G U E M I T G A R X A D
T K S T T H P M J S P Y M T S
```

ATONAL	EXPOSITION
BALLAD	FUGUE
BOLERO	MODULATION
CADENCE	OPERA
CANON	POLKA
CAROL	POLYPHONY
CHORUS	RAGTIME
DUET	RECITAL
ENCORE	SONATA
ETUDE	WALTZ

Airports In Arkansas

```
C S A B W A A K Y I S B W N N
W A L N U T R I D G E Y X O U
P A L I N A M E B R N E T D L
R G A I U A W P R N E L A N T
J A H H C I D Y E S I K L E T
T T S U T O V I A R Z N F R D
S S R T S I R A R B Q I H A X
G U A O L A T O V E A R S L N
T G M L P S M Q C S H B A C W
L U E S O W L T V K I S E K O
D A V M A E E C Y D R O F E T
A L L R U V C N R E V L A M S
A A R Y M L A S A M U D G T Z
Q E G G I I B T O I C T L U A
N U Q J W S I P N M B V L M R
```

ALMYRA	MALVERN
ASH FLAT	MANILA
AUGUSTA	MARSHALL
BERRYVILLE	MORRILTON
BRINKLEY	NEWPORT
CALICO ROCK	OSCEOLA
CLARENDON	SHERIDAN
DE WITT	WALNUT RIDGE
DUMAS	WARREN
FORDYCE	WYNNE

Types Of Daffodil

```
U U A U T E V O O E X H T I A
S P L I T C O R O N A R T R P
E L B U O D T S U C I T E O P
S Q L R B L M E G E L T T I L
C P H E A S A N T S E Y E J U
A A M X B Y N O O M Y B A B L
E R M O O N T U W Z T G T N N
L L R P A P E R W H I T E S S
A T I D E R T D I Q X P T H D
T O O X M R E U L A U R E O R
T T R C U Z N W U O N I A R C
E J U M B L I E A K G D N T Y
Z R P U C G N O L H I I R C I
A E R J O N Q U I L L A V U E
T J C Y C L A M I N E U S P S
```

BABY MOON	PAPERWHITES
CAMPERNELLE	PHEASANT'S EYE
CYCLAMINEUS	POETICUS
DOUBLE	QUINCE
GOLDEN BELLS	SHORT CUP
HAWERA	SPLIT CORONA
JONQUILLA	TAZETTA
JUMBLIE	TETE-A-TETE
LITTLE GEM	TRIANDRUS
LONG CUP	TRUMPET

Parts Of Insects

```
H R R R W V R K M L Y G A K A
W T C I R R U S O M O L W B M
S C N C Y L I G U L A O C I W
W G H L Z Q O P T S Y S O T Q
S I M I S I N F H H R S S Q N
K K L H D A E E P M O A B F M
A I R E E M M P A P E R T S O
O U R F U A O N R N T I A A R
F K S R N M D O T O N A I X J
X B C C H I B G S R L E G S A
B S A I B O A S F F N E T V G
W T P L S P I R A C L E G N X
U T E C R T S N A E O L J O A
U A I R S A C N K D R A D V U
A S C U T U M V T Y K A L A P
```

ABDOMEN	MANDIBLE
AIR SAC	MOUTHPARTS
ANTENNAE	PROBOSCIS
CIRRUS	PROLEG
FEMUR	SCAPE
GLOSSA	SCUTUM
HEAD	SPIRACLE
ILEUM	TARSUS
LEGS	THORAX
LIGULA	WINGS

```
I D T M D S N H L M P S S B W
R I E E C L A J O A Q S E V H
E C L M P R M U E U P D H L T
Z P E O A A E O T W S T C Q J
J V V R S E T D T S E E O W A
L U I A S P S T I O R L O P A
P O S B P I Y A K T R E R S N
V I I I O D S E I K C C B Y O
F U O L R K C F N T S A A L S
T G N I T N I A P L I O R R Q
W R N A A C S D N O M A I D T
S I H D A O U T O K E A I M R
A N H T T U M O N E Y F S M E
Q G E M O H Y A D I L O H A R
S S E U Q I T N A T I S S W W
```

ANTIQUES	MEMORABILIA
BEDS	MONEY
BROOCHES	MOTOR CAR
CERTIFICATES	MUSIC SYSTEM
CREDIT CARD	OIL PAINTING
DIAMONDS	PASSPORT
HOLIDAY HOME	PEARLS
HOUSE	RINGS
JEWELRY	SOFA
LAPTOP	TELEVISION

7 Letter First Names

```
W U A F J E B V H S T S S E B
A A S A F C H A R I T Y I U F
L V A N E S S A A A L Q G P T
E B R E I S P C Y N A T R W T
I Q R E R H A T M T T A I T
G N U R A R R D O O N A N W R
A L L E W X A M N N A P N Y A
H Q L B N U O N D I H T A Z N
F G Y E P T W W I O C L B D S
V V V C T T I T E R M U E I F
Z J O C E L Y N D H B I L Z A
T N V A L E R I E T T A N L U
R B R I D G E T L K P T S I X
C S A A L P E S T E L L A J C
T M D N O M S E D E B E O M G
```

ANNABEL	MATTHEW
ANTONIO	MAXWELL
BRIDGET	QUENTIN
CHANTAL	RAPHAEL
CHARITY	RAYMOND
DESMOND	REBECCA
DOMINIC	SABRINA
ESTELLA	VALERIE
JOCELYN	VANESSA
LUCINDA	WILLIAM

Birds Of California

```
A E E N T D P X B A S T M D U
L B R S P N A K N G D W U P B
Z T A N I L R E M B S N K L Z
Y K K O T T E S R O L I S E U
L I U W D H I P R I R B G C N
T N H G A R G A N E Y L B O N
B G C O M M O N L O O N R W W
R E T O C S F R U S C E A P H
E I A S M O S G S M H U N M I
D D I E P I T Y A N Z U T A M
K E W N A C I L E P N W O R B
N R A A P B L E D A E H D E R
O S Z U I A R T E Q L R P T E
T H T S R G A D W A L L T L L
E T O D A E H E L F F U B H N
```

BRANT	KING EIDER
BROWN PELICAN	MALLARD
BUFFLEHEAD	MERLIN
CHUKAR	RED KNOT
COMMON LOON	REDHEAD
DUNLIN	SMEW
GADWALL	SNOW GOOSE
GARGANEY	SORA
GLOSSY IBIS	SURF SCOTER
GREEN HERON	WHIMBREL

Made Of Plastic

```
K S H O W E R C U R T A I N E
N E P T N I O P L L A B O T R
G C L U E J K S D B N G S C P
U S A D C K I K R L S N E N L
J R S S R E C U E A J I N O A
G E T A S A L U P T J G I I S
N N I S L E I B B C T A L T T
I I C K R G T N A E R K G A I
R A F E G T C T A S T C N L C
U T L Y Q N L I E G O A I U B
S N O B Y X I D L B E P H S A
A O W S E E S D R Y O P S N G
E C E L T T O B D X R X I I I
M S R E D N E F R A C C F P D
A B S P L A S T I C P L A T E
```

ACRYLIC GLASS	INSULATION
BALL POINT PEN	JARS
BOTTLE	MEASURING JUG
BUCKET	PACKAGING
CAR FENDERS	PADDING
CASSETTE BOX	PLASTIC BAG
CONTAINERS	PLASTIC FLOWERS
DISPOSABLE CUPS	PLASTIC PLATE
DRAINAGE PIPE	RULER
FISHING LINES	SHOWER CURTAIN

In The Mail

```
Z S U L P E B O Y P S O P Y Y
N A M T S O P F R R M H B H J
M R E P A P S W E N O T L I R
S E T O N X E T N T L J F R V
L O I S P L L U O E P F P I X
E G A T S O P S I F Y N O P G
B B E M P A M P T B F L S R Y
A E G A K C A P A K T I T E J
L A Q R H M S G T I A L C S L
O D W K P T E A S A W S A E A
O D O H A L E C R A P M R N C
L R L M S T R E T T E L D T G
Y E P A Z W F X S R T E E S E
T S P G W Y D F C V T M F L A
X S K T O O N I S T J E A D S
```

ADDRESS	PARCEL
FREE SAMPLES	PHOTOS
GIFT	POST OFFICE
JIFFY BAG	POSTAGE
LABEL	POSTCARD
LETTER	POSTMAN
NEWSPAPER	POSTMARK
NOTES	PRESENT
PACKAGE	STAMP
PAMPHLET	STATIONERY

Shakespeare

```
R T H G I R W Y A L P O E T Z
T W I O I R E S O N N E T S A
C T S E P M E T E H T U J T Z
R F S K K T N E M S G N I K L
O I E T I I S U A E T M B K M
D R I E R N L E W U O A H I K
K S R L D A G U I N R L T N O
A T O M O W T J O D V E E G O
G F T A K F A F O Y E S B L L
E O S H Q N A F O H S G C E L
V L I D O T A R F R N A A A E
O I H P H V D I A M D O M R H
R O M E O A N D J U L I E T T
L A N N E H A T H A W A Y T O
O S E I D E M O C B C I R V Y
```

ANNE HATHAWAY	MACBETH
AS YOU LIKE IT	OTHELLO
BARD OF AVON	PLAYWRIGHT
COMEDIES	POET
FIRST FOLIO	ROMEO AND JULIET
HAMLET	SONNETS
HISTORIES	STRATFORD
KING JOHN	THE TEMPEST
KING LEAR	TIMON OF ATHENS
KING'S MEN	TRAGEDIES

Parts Of A Plant

```
V G J T E C X C R S T B S S U
S J R T U B F N C C T T I H P
S S Y I N S K A R F I D I Z Z
E A N T H E R Y O G L M O L Q
B P N H W P M R M O A S F S I
S A P L E C A A G E T R S N F
I J E L X A E T L A U L S Y Z
C R T L W R G C M I F U D A T
U F A Y Y S A E T H F A T Y A
D Z L M R T N N S L A F N P A
L P Y U P A S H O F A E L B R
T S T E M L V W V V J P N U H
Y E C O R K E O S Z U T E D T
G E R B A R K G R P V L R S I
R D Q A E O T E S P Q B E S S
```

ANTHER	OVULE
BARK	PETAL
BUDS	RECEPTACLE
CARPEL	SEED
FILAMENT	SEPAL
FLOWER	STALK
FRUIT	STAMEN
LEAF	STEM
NECTARY	STIGMA
OVARY	STYLE

Robert Redford Roles

```
D T O M L O G A N R Y R W L T
G J N R J W L R S J B D A P S
N O Z O E E N E I A S N L O E
A S J Y D N N K W C T O D H Y
T E O H T L S O E K A S O S A
H P H O L E E O L W G Y P I H
A H N B K G O B E E Y K E B E
N T G B R A X M D I A L P Y N
M U A S F T F O A L J I P T Y
U R G G K E L T W G O G E R A
I N E C I T S U J N E R R A W
R E T T A R B L U A P A A M N
C R E K A B U R B Y R N E H A
E R L C Y A K C M L L I B O T
R R T D S U N D A N C E K I D
```

BILL MCKAY

EINAR GILKYSON

HAROLD BELDON

HENRY BRUBAKER

JACK WEIL

JAY GATSBY

JOHN GAGE

JOSEPH TURNER

MARTY BISHOP

NATHAN MUIR

OWEN LEGATE

PAUL BRATTER

ROY HOBBS

SUNDANCE KID

TOM BOOKER

TOM LOGAN

WADE LEWIS

WALDO PEPPER

WARREN JUSTICE

WAYNE HAYES

Philosophers

```
U X R S U R U C I P E F R T J
R O D E D Z R E Y A J A E G Z
S C A T N P L A T O O D L I A
U U V A O E T X H R H V T L X
I J I R D L D N H O N O O B E
H O D C S A L E N R S L T E N
T H H O U O M D S L T T S R O
E N U S C F E S I C U A I T C
O R M K X R N K M T A I R R R
B A E T I D D O N I R R A Y A
W W Q C T S T P C K T E T L T
H L H F L T H L U A M H F E E
I S A I A H B E R L I N O K S
L W I L L I A M P A L E Y I J
L A C S A P E S I A L B V R W
```

A J AYER	JOHN LOCKE
ADAM SMITH	JOHN RAWLS
ARISTOTLE	JOHN STUART MILL
BLAISE PASCAL	PLATO
BOETHIUS	RENE DESCARTES
CONFUCIUS	SOCRATES
DAVID HUME	TED HONDERICH
EPICURUS	VOLTAIRE
GILBERT RYLE	WILLIAM PALEY
ISAIAH BERLIN	XENOCRATES

Psychology

```
E P E R S O N A L I T Y M S X
M C S U M A L A H T O P Y H M
S H N Y T L E M A B C U D M S
I U E E C N E R E F R E T N I
N N T U U H O V U M T H O O R
I K A M R L O I E S O M U R O
M I P K S I F A T L O R H M I
R N R I H K S N N A C L Y S V
E G C T T B K T I A V I C V A
T N E M G D U J I L L I S C H
E S I S R A H T A C A Y T A E
D R E A M A N A L Y S I S O B
D G N I N O I T I D N O C I M
U S L E V I T I N G O C U O S
L R Y O B S E R V E R B I A S
```

BASIC LEVEL
BEHAVIORISM
CATHARSIS
CHUNKING
CLOSURE
COGNITIVE
CONDITIONING
DETERMINISM
DREAM ANALYSIS
HEURISTICS

HYPOTHALAMUS
INTERFERENCE
JUDGMENT
MEMORY
MOTIVATION
NORMS
OBSERVER BIAS
PERSONALITY
PSYCHOANALYSIS
SOCIAL INFLUENCE

Fishing

```
L A O H S I F T I A B Y A D T
B L R H I M Z S K B B Y N L K
G S I S S P R Q S B A L G S U
S R R V L I G O S E C A L D H
T E A E E I F I W L K N E O A
M T M I T B P E A L C G W R N
A A R E O A O S V S A L O G D
P W O I L C W X I I S E R N L
T M W I T K L H R N T R M I I
G R H E R W A E S K K C W H N
C A T C H A N D R E L E A S E
L W R J D T W E W R R S R I B
T E A L R E N I L Y L F D F L
M L E Q I R Z A K S S B L T W
D B A R B A E Z E F J K S B U
```

ACTIVE FISH
ANGLER
ANGLEWORM
BACK CAST
BACKWATER
BAIT FISH
BARB
BELL SINKER
CATCH AND RELEASE
EARTHWORM

FISHING ROD
FLY-LINE
FRESHWATER
HANDLINE
LIVEBOX
MEALWORMS
REEL
SHOAL
SLIP-SINKER
WARM WATER

Roller Derby

```
S N R T T B C K A X A U O P R
U O F A R M O V A L T R A C K
C S G R C O V U U T N E M O C
A U L E I E P I T S E F E N A
U P I E R T S S A S M E R O R
B L O C K E R S T R N R I I T
I R I Y H S T I X C I E C T T
M S I C I T E L H T A E A A A
L A T G N I N I A R T T N M L
W A U R S J A M M E R I N R F
M J S S E T A K S R E L L O R
N I M K C A P I V O T B T F C
R E D I R T L U S I N T P M T
I P A S S I N G T H E S T A R
C P Z A D O L E A G U E S J L
```

ALTER EGOS	LEAGUES
AMERICAN	MATCHES
ATHLETICISM	OVAL TRACK
BLOCKERS	PACK
BOUTS	PASSING THE STAR
CONTACT SPORT	PIVOT
ENTERTAINMENT	RACES
FLAT TRACK	REFEREE
JAM FORMATION	ROLLER SKATES
JAMMER	TRAINING

On The Internet

```
I R E T N E T N O C V Z Q P H
Z S T X E T R E P Y H P L I E
L M I I T K E E S X S U S H H
C S R R W D P S T G G T Z B P
O P O T O E H W D I O L T X E
O S V R R P B M N R S L O A Q
K R A M K O O B Y H O B B A X
I S F O I P U O R G S W E N O
E E M A N N I A M O D L Y W R
H R L W G E X S Q N W J J E I
C V S Y I S T P I R C S M U K
A E E N I G N E H C R A E S J
C R Y E X E O L E L C I T R A
W O R R R Z A H O G F O X U Q
I N Z I G K G V L A T R O P F
```

ARTICLE	KEYWORDS
BLOGS	NETWORKING
BOOKMARK	NEWSGROUP
CACHE	PLUG-IN
CONTENT	PORTAL
COOKIE	SCRIPTS
DOMAIN NAME	SEARCH ENGINE
FAVORITE	SERVER
HISTORY	WEB BROWSER
HYPERTEXT	WEB SITE

Moons

```
A J Z H C W O V J R D A K T I
H P R A I Q R E F J E P F D R
T E O O G T E T M G S O W U S
U P P A N D O R A R P R C T D
D I E R E N E M H X I U W Z C
S N A I C H A L D E N E E P L
Z U M E T L E D L I A E A H A
I O E Y T B K U I R O Z I S M
S O P H E L I A A S Z N L T J
V J E H T C A L Y P S O E T G
X A T O R E G A N Y M E D E W
P N B R I R M X O C T E R R A
N A T I T K S O B O H P O C R
P L P H O E B E R Z W T C S G
T P J C N Y W O A P P W L X P
```

AMALTHEA	NEREID
CALYPSO	OPHELIA
CHALDENE	PANDORA
CORDELIA	PHOBOS
CRESSIDA	PHOEBE
DEIMOS	PROMETHEUS
DESPINA	RHEA
DIONE	THEBE
EUROPA	TITAN
GANYMEDE	TRITON

Bats

```
P Y U M A M Y O T I S Z D D I
F I T C U B A N F L O W E R K
H F B Z U X A K U A W K R I W
D H I I E L O N I M E S I I X
R P O T G G N I N E V E A D E
E J U A S F Q I N R B P H E W
W J U G R A R S I M M A R R E
O S I T O Y M E V A C L E N S
L J N S D Y I E E M R L V R T
F Z N W O R B E L T T I L E E
Y D E T E N N O B T A D I T R
F R I N G E D M Y O T I S S N
F S N I E T S H C E B I L A R
U Q P R D E T T O P S U L E E
B A L L E N S B I G E A R E D
```

ALLEN'S BIG-EARED	HOARY
BECHSTEIN'S	KEEN'S MYOTIS
BIG FREE-TAILED	LITTLE BROWN
BONNETED	LITTLE MASTIFF
BUFFY FLOWER	PALLID
CAVE MYOTIS	SEMINOLE
CUBAN FLOWER	SILVER-HAIRED
EASTERN RED	SPOTTED
EVENING	WESTERN RED
FRINGED MYOTIS	YUMA MYOTIS

6 Letter First Names

```
O L E W R I Y S O S A Z G F V
X D X I A O Y I K I R X J A L
V J O L P U M R R T M H E L R
H D R B S C I A A Z I V V E W
R O R U A R Q B R E U I H X S
I R T R C U I R H G L O R I A
U E M T E L O C I N I L L S J
O E S L L V F R O D N E Y R A
N N S O P H I E J B R T X M M
C F B U R S U L A U R I E J I
B K S V G K T R O L D L S A L
N K F S T H A I A S I I M L A
V R C D D C U N S A I R T G T
U L L H K D Z E X N S X X H V
E O R U U Y S I R X S Z K E G
```

ALEXIS	LAURIE
AMELIA	MARGIE
BARACK	NICOLE
CARMEN	OLIVER
CASPAR	RAQUEL
DOREEN	RODNEY
GLORIA	SOPHIE
ISAIAH	URSULA
JAMILA	VIOLET
JUDITH	WILBUR

Time Consuming

```
U A S B U R D E N S O M E P A
R F T U A O L A B O R I O U S
P O E O O C W E A R I N G E S
U R O L I U K A S W D E N X T
Z C H S B L D B M E C C V H G
E E X E U A S R R B F S R A R
H D L T R O N O A E Z B C U U
R X L I R C U I M K A T B S E
Z H I R C S U N M E I K U T L
S G N I T N E L E R N U I I I
A U N G N I D N E R E V E N N
Z O N E R O U S I A T T N G G
L T S U O R O G I R N S N T R
S T F L S M I L T U Y E Y I J
I D S J E F F O R T F U L Z G
```

ARDUOUS	NEVER ENDING
BACKBREAKING	ONEROUS
BURDENSOME	PONDEROUS
EFFORTFUL	RIGOROUS
EXHAUSTING	STRENUOUS
FORCED	TIRESOME
GRUELING	TOILSOME
HERCULEAN	TOUGH
INTERMINABLE	UNRELENTING
LABORIOUS	WEARING

Online Chat

```
D O W N L O A D S C P R L A S
I I S G N I M A L F R F L N V
S O S S X N O C I T O M E U A
E T Q P X S O Y P R F B N J T
X E S W L T T I U H I Y N C S
M M H I G A F M S O L L A O N
I O O T L N Y Q L S E A H M B
H D U A I T I I S T U P C M P
G E T V R M C D M M A C Z U K
P R I A J E E A O A I A S N Y
V A N T U S K Z T O G L P I A
R T G A Z S I R A N L E E T D
M O O R T A H C U A O F K Y D
L R X L T G V O A L A C K Y Y
W S E T T E U Q I T E N R Z S
```

AVATAR

CHANNEL

CHAT ROOM

COMMUNITY

CONTACT LIST

DISCUSSION

DISPLAY IMAGE

DOWNLOAD

EMOTICON

FLAMING

FLOODING

FORUM

HOST

INSTANT MESSAGE

LURKER

MODERATOR

NETIQUETTE

PROFILE

SHOUTING

SMILEY

Manias

```
A I N A M O N Y C R T D I J T
A I N A M O B R E V A T O D A
I R N S A O B T E N R I I H I
N S E A O I T L G R K P Y O N
A N G E M U N L C O S D C A A
M O O J U O O A M O R R P I M
O C M G A M G A M O L V A N A
T T A X A I N A M I R O L F R
I I N N D I N A H I P M G O O
S M I S A I N A I P P A J M D
R A A A A I N A M O L Y H A K
B N R F A I N A M O T U A N C
A I N A M O G O L O R T W I A
E A I N A M O I N O O Y A A A
I M D R Q A G W V U N Z P U R
```

ANGLOMANIA	INFOMANIA
APIMANIA	LOGOMANIA
AUTOMANIA	NOCTIMANIA
CYNOMANIA	OIKOMANIA
DIPSOMANIA	ONIOMANIA
DORAMANIA	PHAGOMANIA
EGOMANIA	PYROMANIA
FLORIMANIA	SITOMANIA
HYDROMANIA	VERBOMANIA
HYLOMANIA	ZOOMANIA

Popular Names For A Dog

```
Q E M L O E R Y J S N U I O M
B R A X R E R O H E P E R U W
T F H Z B R E A A G O E Q O C
R O S E O Y S A I A Y O L W O
Q A A G R T S N O O B A A R Y
T R T M A G G I E T D J L U A
I F A M A E C I A Y R J E L R
S R F E R X S A L D F D A Q I
S A F L L G I L A R O T A X I
N U Y L A Z O E E E S W Z D U
Y D D E T H R D U H A A R P S
V X N B U D D Y A R C A R Q R
C S A M M I E D I I I Y T A B
L E R R E T O O C S I J Q K A
H S B R L W T L F E U F R P V
```

BEAR	LADY
BELLE	MAGGIE
BRANDY	MAXIE
BUDDY	SAMMIE
CHELSEA	SCOOTER
DAISY	SHADOW
FREDDIE	SHASTA
GINGER	TAFFY
HOLLY	TASHA
JOEY	TEDDY

Bays

```
L J N Z O G A A J S B P W U B
G I Y X D F L F P R O S Q F M
U L T J O Z K A I E A G I O B
N E W A R K A S C N L W N R V
E R T E A N T V P I B T Y T A
I A A S V O B A T D E D L E T
E C K T L E B T R R R R Z P D
S U I E R L L L E A V A Z M I
C B G R O E A Y K G L E I A P
A L W O N D D E L A W A R E F
M C P E H E S T M E P E G U N
B R C O B C B I S C A Y N E N
I K W S Y N T C S A I T Z K P
A T I S G O Q A Y R E W O B U
W P S S S P D C P R T X K R M
```

ALAMITOS

BISCAYNE

BOWERY

BRISTOL

BUCARELI

DELAWARE

DRAKES

ESCAMBIA

ESTERO

FUNTER

GARDINERS

GLACIER

GRIZZLY

LITTLE NECK

MONTEREY

NEWARK

PATCHOGUE

PETROF

PONCE DE LEON

SAN PABLO

Pizza Toppings

```
L U S B E E F L T P P Y H M X
T J M A R N T P O L I V E S F
T B F T U O D A C O V A N P H
R A I X U S C O Z I R O H C J
R C N R S R A C I S W A U M J
Z O L T A L K G O P Y U A U U
O N I O N S L E E L X J K S K
A S B L C C R A Y F I S H H E
C T A L H T S I B M I P E R U
E H S M O T O O R T E E B O T
W G I C V A L L E R A Z Z O M
Q U L V I N O R E P P E P M V
P K T A E P Y F A H R R M S A
M L B X S S R E P P E P D E R
P R Z J S T P Y E M R A W P F
```

ANCHOVIES	MEATBALLS
AVOCADO	MOZZARELLA
BACON	MUSHROOMS
BASIL	OLIVES
BEEF	ONIONS
BEETROOT	PEPPERONI
BROCCOLI	RED PEPPERS
CHIVES	SAUSAGE
CHORIZO	SNOW PEAS
CRAYFISH	TURKEY

Hydrocarbons

```
Q S Y I J I R E I Z Y T X L R
A A T U O H S V V A N M K B T
K D P P X Q C P R O P E N E T
M E T H A N E N E R Y T S N I
H C N P E N T E N E W H C Z T
K Y H E E N A T U B W Y C E M
E N E K L A A R U K C L N N B
T E E S F Y L P A L C P N E A
D T P N J Q X K O R A E U N O
T H O I Y L A H Y R M N M A E
X Y P S B Z E E Z L P T F K W
F N V R U X N L M H H A Q L C
S E E N A T N E P O E N L A L
F J E N H I W G B E N E H T E
G A E R W A L K Y N E I T A L
```

ALKANE	ETHENE
ALKENE	ETHYNE
ALKYL	METHANE
ALKYNE	METHYLPENTANE
BENZENE	NEOPENTANE
BENZYNE	PENTENE
BUTANE	PROPANE
CAMPHENE	PROPENE
CYCLOHEXANE	STYRENE
DECYNE	XYLENE

Golf Courses

```
P K K O O R B Y E N O T S V S
M I T E S C O T L A N D R U N
D C N O E E A G L E R I D G E
P U K E A R N E Y H I L L S D
I G A E V O C I Y R C P A D E
N R P L E A Y D P E Z T N G L
E A A L O R L S N A E B T D M
H N L I T O C L T O S L I Z O
U D U J A R K E E E M U G S N
R B A O W H E D L Y R A L A T
S E N I P D N A R G W B I A E
T A E A G L E P O I N T A D C
O R A T L A N T I C C I T Y S
P T A L A M O R E Z O J H X V
Y B A Y W O O D G R E E N S T
```

ATLANTIC CITY	KAPALUA
BAYWOOD GREENS	KEARNEY HILLS
CALUSA PINES	KOOLAU
DEL MONTE	OYSTER BAY
DIAMOND CREEK	PINE VALLEY
EAGLE EYE	PINEHURST
EAGLE POINT	SCOTLAND RUN
EAGLE RIDGE	SHINGLE CREEK
GRAND BEAR	STONEYBROOK
GRAND PINES	TALAMORE

Friends

```
T L R A L I F P A T O W L L L
H K T L L O I E T Y D D U B A
U L I A C C O M P L I C E A I
I C L A S S M A T E R S C H R
L O C O N F I D A N T O U Y X
I L R E P L E H Z F M S L S U
E L K P R K T T R P O J J T I
D E C N A T N I A U Q C A C Q
A A I S I T E T L I A L O V R
R G K Q M N R M L S C N P K E
M U E I D I A O Y S S O S A N
O E D M O T Q T N O L A S D T
C A I T E R E T R O P P U S R
F N S T M E N T O R T Y A N A
A G R W N O I N A P M O C Y P
```

ACCOMPLICE
ACQUAINTANCE
ALLY
ASSOCIATE
BEST FRIEND
BUDDY
CLASSMATE
COLLEAGUE
COMPANION
COMPATRIOT

COMRADE
CONFIDANT
CONSORT
HELPER
MENTOR
PARTNER
PATRON
SIDEKICK
SOUL MATE
SUPPORTER

Space Exploration

```
T U A D O A A S A I R O R T P
B G A L I L E O K O R L L L K
Q N R U A S L P S Y S O T S C
E I U M T N C O M P L R P R I
I K O H A L S O P O U A Z P R
A I V U S R S H V A C T B S Y
R V A B A F S B E E O R N P E
U I E B N R R O S P R T T I Q
P G D L H N Z T B S A Y T O K
L E N E I L A R M S T R O N G
Y T E L S T A R S P E T D E I
Y S S A I B M U L O C R L E S
R E R O L P X E V A O R V R S
V N N K O T S O V O Y A G E R
R T Q O O L D O M A R I N E R
```

ALAN SHEPARD	NASA
APOLLO	NEIL ARMSTRONG
COLUMBIA	PIONEER
DISCOVERY	SKYLAB
ENDEAVOUR	SPACE STATION
EXPLORER	SPUTNIK
GALILEO	TELSTAR
HUBBLE	VIKING
MARINER	VOSTOK
MARS OBSERVER	VOYAGER

Feeling Old

```
C Y D E T A T I L I B E D G C
I D E T S U A H X E X L C T Q
E E L D E R L Y D P L B R S Z
O N I M A T U R E M J A U U A
N O H C T H L R R P D N M A D
E S W I S E I V I I R O B G Z
I A T A U E E P T D W I L A S
B E S H N T F I N E A H I L H
I S R C E G O S E N L S N L U
D D E R W N G O I R O A G S U
X D A A A R D U C A K F E V T
R N E L B A R E N E V N F I U
R D R U T G C O A L I U T P Z
J Z T E P E W Q S O G Z U A A
R K D V A D K R R V I L L E I
```

AGED	LEARNED
ANCIENT	MATURE
ARCHAIC	SEASONED
CRUMBLING	SENIOR
DATED	TIRED
DEBILITATED	TRADITIONAL
ELDERLY	UNFASHIONABLE
ERSTWHILE	VENERABLE
EXHAUSTED	VETERAN
EXPERIENCED	WISE

Old Movies

```
C G W W A N P G A S L I G H T
W A U N I K E E L L A U R E J
P K S Y E Z H D E X S E V T A
O E R A S E A C E L T T I L Z
N T N U B A U R T F S X T P Z
O O T A H L N Q D O O G C S S
O P H A K N A D N O N T I P I
N H E A S N E N D A F I S B N
H A S O N W E B C O C O N A G
G T H E K I D Z S A L I Z T E
I U E L D L A Z I T S L R G R
H C I F I C A P H T U O S F O
Z U K I N G K O N G I S J U A
S L I M E L I G H T C C O J E
Y H S U R D L O G E H T U P M
```

AFRICAN QUEEN	KING KONG
BEN-HUR	LIMELIGHT
BIG SLEEP	LITTLE CAESAR
CASABLANCA	NINOTCHKA
CITIZEN KANE	SOUTH PACIFIC
EAST OF EDEN	THE GOLD RUSH
GASLIGHT	THE KID
GUYS AND DOLLS	THE SHEIK
HIGH NOON	TOP HAT
JAZZ SINGER	WIZARD OF OZ

'N Sync

```
P T B Y E B Y E B Y E I I O A
V U R O M F I U L A W A L T N
J Y O B W O C E C A P S L I H
O U D S A I L I N G H G N M U
K H S O Z B C T S T E O E B B
C R I T Y D Y H S O R M V E O
I I T S G O N N A B E M E R E
R S P O U O U A B S W P R L Z
T I A B C N T R B U E A S A L
A F A T O N E P T Y G Z T K V
P C O B R L T T A H O T O E R
K E V O L D E E N I I B P J S
R N Y O U G O T I T D N B N U
I O P D N E I R F L R I G E L
K G S E L O U P E A R L M A N
```

BASS	I WANT YOU BACK
BOY BAND	I'LL NEVER STOP
BYE BYE BYE	IT'S GONNA BE ME
CHASEZ	JUST GOT PAID
DO YOUR THING	KIRKPATRICK
FATONE	LOU PEARLMAN
GIRLFRIEND	SAILING
GONE	SPACE COWBOY
HERE WE GO	TIMBERLAKE
I NEED LOVE	YOU GOT IT

Islands Of Wyoming

```
C B U G H D E K H M O O S E T
K P R D V S R A U D J Y T B F
E P Q B N B U L R G R T Q R L
P D A O P O L U U E K A E A P
E L S I C I T S Y M D E I R Y
L E E U S R I G E O Z L R I Q
I I O O S A V S N E O R U Z C
C F N X P L J O O I Y L L O M
A F I T B L H U H L R U F N B
N E S E F O T Q P S O R A A Y
R H Z Z P D W H E T U A A U R
O S S O O H R B L T T B B C E
O W I L L O W R E G D A B V T
S N O S N H O J T N A O M H E
T R E A S U R E A I D J A T L
```

ARIZONA	MOLLY
BADGER	MOOSE
BALL	MULLISON
BOULDER	MYSTIC ISLE
BUSH	OXBOW BEND
CARRINGTON	PELICAN ROOST
DOLLAR	SHEFFIELD
DONOHO POINT	TELEPHONE
FREEZEOUT	TREASURE
JOHNSON	WILLOW

Fungi

```
S M U S T U R R R Q S K E A L
W B O L E T U S K H B R T T R
T O Y S T E R A E Y L L E J O
A E O I S L F L H Y T S L P K
Y T A D A B Z D M E W D O I S
N E L L E R E T N A H C B N S
H L S Z D A Z L H H C J K K I
P O I N T E D C L U B R A G G
Z B E H L A R O C T E L O I V
W Y C Z L O T G D O A A O L A
E A K M U S H R O O M X X L I
P B X N W P U F F B A L L O A
H I E C I R A G A Y L F Q T B
E C A Z A W N Q P J L E F B R
I N K C A P W S D L A L T S E
```

ALDER GOBLET	MOSS BELL
BAY BOLETE	MUSHROOM
BOLETUS	OAK BOLETE
CHANTERELLE	OYSTER
DEATH CAP	PINKGILL
FLY AGARIC	POINTED CLUB
INKCAP	PUFFBALL
INKY	VIOLET CORAL
JELLY EAR	WAXCAP
MACRO	WOOD

ABC Mens' Names

```
Z K U A A L F R E D L S P K W
W B A Y S U T S L S I A G A T
A L B R B M G A U Y U S A I N
C R S O R B D U O R X S H A N
E T R N E Y O S S R Y A P D A
C L A I T R E B H T U C F A I
I H L L R O F A G G I S T N R
L S U O T N W N U N L N I D B
L M I C H R I S T O P H E R I
A L P S K L T B E R T I E E L
I A R T H U R S E A J N D W L
O J S Y S O Z R S A D G U W Y
L O G W I Y Z L R A R S A Z L
T R E L Y H T A N E V I L C N
H G L U I D L U Z R T Q C H B
```

AARON	BRIAN
ALFRED	BYRON
ANDREW	CECIL
ARTHUR	CHRISTOPHER
AUGUSTINE	CHUCK
AUGUSTUS	CLAUDE
BERTIE	CLIVE
BILLY	COLIN
BOBBY	CUTHBERT
BRENDAN	CYRUS

Vegetables

```
T K W V L R P N R S V F R O L
L B H E N D I V E S U S E G U
S L G A L G N L C I L R A G T
P O T A T O R N A L U G U R A
C A P S I C U M E C U T T E L
T T R E S B T R F T N Q E E I
D S Z S V E L V E T B E A N X
S N Y A N G R U S D E L S B E
U Y R O C I H C A B B A G E G
T E E S M V P C R T O R R A C
A T L J Q D A N D E L I O N P
P R E T S U A R P R T M A I C
A R C L R C A S P A R A G U S
R L W V A H R S I F X A W B A
H V P Y C K X E H E O P X D L
```

ARUGULA	GARLIC
ASPARAGUS	GREEN BEAN
CABBAGE	KALE
CAPSICUM	LETTUCE
CARROT	PARSNIP
CELERY	POTATO
CHARD	SQUASH
CHICORY	TURNIP
DANDELION	VELVET BEAN
ENDIVE	WATERCRESS

Finding Your Way

```
A R W S N O I T C E R I D X U
B N L O C A T I O N H A F T E
O W X W L J V P A Y V T T W Q
V A E R A E T I H T A P U N Z
E S U D J R B R G N I G I O B
T D S F U J O B E A R I N G S
Z P U R S T K U R T T P W Y P
H F P T A S I B T X F I T Y S
Z Y N O I T A T N E I R O E L
V T J F S G S P A S T A A N R
T S S M K I N L M L P S S R Q
Z R R P Y B T O S O T K W U R
D W B A S Y T I L S C N A O P
D K M Y A T X N O R T H C J N
A J T P U T T P T N E R P U S
```

ABOVE	NAVIGATION
BEARINGS	NORTH
BELOW	ORIENTATION
COMPASS	PATH
DIRECTIONS	POSITION
EAST	ROUTE
JOURNEY	SEXTANT
LATITUDE	SOUTH
LOCATION	STARS
LONGITUDE	WEST

Biology Terms

```
J Y T N T S G W D P B T E P T
V I R U S E E D W K S I X R A
O N H C R A T S I G S O M R Y
J N R L S K L G L R J I R S R
S I S E H T N Y S O T O H P R
P E P I E U R F L O W E R O K
Q T P C F M L I C T T T P R I
R O C A R B O H Y D R A T E S
C R S C L W O S A Q P A N D S
E P I I A N T N O L S E O P S
I S F D D A W R E M R S C R B
F A I R E T C A B G O E V Q Z
I T I U R F K T Y I L R B S G
C A P V L I E A L L Y A H U L
T S S T I P Y S L R V L O C T
```

BACTERIA	NUCLEIC ACID
BONE	PHOTOSYNTHESIS
CARBOHYDRATE	PROTEIN
CELL	SEED
CHROMOSOME	SEPAL
ENERGY	SOIL
FLOWER	SPORE
FRUIT	STARCH
FUNGI	TUBER
MITOCHONDRIA	VIRUS

Movies Filmed In Arizona

```
S I S E M E N S U Z N M I U U
X S A R E L O T X E N C C S I
C G Z Q C D M A A T P Z H E V
A N P M I O R R D R J E A P D
S I Z U O R D M T J L S R M E
A K Y Z V A T A H D Y W R U T
B E I B R D R N U R H S O G N
L E D K U O Y P I S L O T T U
A R I Z O N A D R E A M T S A
N H S M Y X E S E T W E F E H
C T K J E R R Y M A G U I R E
A E M S S H U R C I D B R R H
M I D N I G H T R U N M U O T
L Q V M A V E R I C K T A F R
O Y Z A R C R I T S S R W N N
```

ARIZONA DREAM	MIDNIGHT RUN
CASABLANCA	NEAR DARK
CHARRO!	NEMESIS
DEAD MAN	NEXT
EASY RIDER	RAISE YOUR VOICE
EL DORADO	STARMAN
FORREST GUMP	STIR CRAZY
HELD UP	THE HAUNTED
JERRY MAGUIRE	THREE KINGS
MAVERICK	ZOOM

The Environment

```
R E N E W A B L E E N E R G Y
Q Q N O I T A T P A D A R O X
C U G O Z O N E L A Y E R F S
O I E L B A D A R G E D O I B
N L E D I X O I D N O B R A C
T I C E C O S P H E R E Q I Q
A B O T S M N O I T U L L O P
M R L A O E U E H A B I T A T
I I O G A S N O I S S I M E L
N U G T E L C Y C N O B R A C
A M Y G D M E C O S Y S T E M
T R A N S P I R A T I O N M S
I S I S E H T N Y S O T O H P
O W A T E R C Y C L E I O U Q
N O I T P R O S B A L W Q R P
```

ABSORPTION	EQUILIBRIUM
ADAPTATION	GREENHOUSE GAS
BIODEGRADABLE	HABITAT
CARBON CYCLE	OZONE LAYER
CARBON DIOXIDE	PHOTOSYNTHESIS
CONTAMINATION	POLLUTION
ECOLOGY	RENEWABLE ENERGY
ECOSPHERE	SMOG
ECOSYSTEM	TRANSPIRATION
EMISSIONS	WATER CYCLE

Poetry Terms

```
U R S S A C C E N T T S M Z R
P K B O G S C A N S I O N C X
E S I N P R T E L P U O C Q Z
N O A A U T M G O I G I O J L
T M I R H B J D R E F R A I N
A E T R M E M Y H R H B M T S
M T S A R R E E E Y A E M L S
E O J T J P X S P I R Y M T A
T N O I T A R E T I L L A E T
E Y L V M E R C C E I N R N L
R M X E V B J K L U Z R G N Z
P Y T E O L Y T C A D I I O T
L E X L R Q D Z V U E F P S E
R P E C N A N O S S A Z E K B
F U B O K X T R M T S I L G M
```

ACCENT	LIMERICK
ALLITERATION	METONYMY
ASSONANCE	NARRATIVE
COUPLET	PENTAMETER
DACTYL	REFRAIN
ENJAMBMENT	RHYME
EPIGRAM	SCANSION
HAIKU	SONNET
HEXAMETER	STANZA
HYPERBOLE	VERSE

Baking

```
A L E Z S L Z I G J R L K G R
P P H U B R E A D T G I E T B
S V V R L Z U A F S S E K A C
R B R R C S H T V A T B K L M
J C A K E T I N L E U I N H R
A F E K R T G T O Y N V N E B
A J L R E D W O P G N I K A B
S O C O R D M G S R S J N T D
D E X O U J P O V E N T Q G T
V Z H S T R D O T H S I R N A
F O D C S A S V T S U M T A P
P R T S I G T W B A K E R Y T
P A P R O U U P A S T R I E S
V K O G M S Q G N I K O O C K
M B R K N O T S U T L M I N A
```

BAKED POTATO	LEAVENING
BAKERY	MOISTURE
BAKING POWDER	OVEN
BAKING SODA	PASTRIES
BREAD	QUICHES
CAKE TIN	SALT
CAKES	SUGAR
COOKING	TARTS
FLOUR	TIMER
HEAT	YEAST

Back And Forth

```
L Z T P X T I S F M Y O O X K
Z K R O R A A A A L Q X S S L
R Q V T N P U G H I H D Q B T
N N T T P P K G S V L O X H S
A Z P O T A S A R E P N A U J
P U W P E T S S T E P N P J U
P I W A P Y K Y D V E O N L B
A T T R S B U R M I D D I M L
N I G T U S A L L L E R P R F
S C S T I B A L R A W A P H P
E L T R B P I W A R W R I G Z
T U P A K E E P P E E K N O P
B D R P N C P X M E D B A E U
T D A B B A D O F R U U R R B
T Z Z C F O N L I A R F U Q F
```

ARE ERA	NAP PAN
AUKS SKUA	NEIL LIEN
BUT TUB	NIP PIN
DAB BAD	PART TRAP
DEW WED	PETS STEP
DON NOD	PIT TIP
DRAB BARD	POT TOP
KEEP PEEK	SAG GAS
LIVE EVIL	TAP PAT
MID DIM	WAS SAW

A Double Vowel

```
T C T L U T A M N D L B G E W
A A A W H M U U C A V F N R Y
E F A N S V V G C R R P I H I
Y F T R A N S V A A L B A N P
B C N E D A T D A F T A A T N
D R J O R V N Z L X R T B R X
O O I B O N A O D D H H M S W
O O T D Z B O R W K A R U S I
G K S L E D A O K R W O U I T
X E D T L G L B N I A O N G P
T D Q I U F R D U U I M I D S
A R G C A R T O O N I S T Z V
I H O V E R B O O K A N N Y I
T H C I R T S A A M N O O U Q
R T R T B C Y R E K O O C J W
```

AARDVARK	CONTINUUM
AARDWOLF	COOKERY
AFTERNOON	CROOKED
BAAING	FLOODLIGHT
BABOON	GOODBYE
BATHROOM	HAWAIIAN
BAZAAR	MAASTRICHT
BRIDEGROOM	OVERBOOK
CANAAN	TRANSVAAL
CARTOONIST	VACUUM

Popular Race Courses

```
A N A T G T V I L Z J A S N E
E T N I L L K Z O A K L A W N
H N I O F L O E S I J X R P V
M O U N T A I N E E R R A T A
O T L L A G I H E N T G T T A
N G R L E A N R C S E U O A A
M N L O Y L T I P R T L G S Q
O I G Q C W L N L L U A A X U
U M P C E I O I A R E H R N E
T E E A R D L O S S A X C T D
H R T L Z N E M D P T M E R U
H G L D U S P L I P A E L T C
K P B E L M O N T P A R K E T
A P A R P S P N G A M R K T D
F O H L A U R E L P A R K J U
```

AQUEDUCT

ARLINGTON

BELMONT PARK

CALDER

CHURCHILL

DEL MAR

DELTA

ELLIS PARK

FAIRPLEX

HOLLYWOOD PARK

KEENELAND

LAUREL PARK

LONE STAR

MONMOUTH

MOUNTAINEER

OAKLAWN

PIMLICO

REMINGTON

SANTA ANITA

SARATOGA

Family Guy

```
R S S S D N A L E T U S Y N T
P B I Z N M I L A K U N I S A
E A J O A A D N A L E V E L C
W P N T L Y M L G E L T E W N
T E N A S S R D Q R H X N E U
E G O L I I I U L M B O E A F
R E I S E R A Q A O S R B R M
S P T W D H B C R N G K J I Q
C Q A R O C F S A H I T K P U
H H M G H A T W T G V E R J A
M R I A R E S E E M H J J O G
I G N L I E S N R E T E P J M
D L A N O I T C N U F S Y D I
T N C J S E G R I F F I N I R
E G E L Y N Y Z R S T E W I E
```

ALEX BORSTEIN

ANIMATION

BRIAN

CHRIS

CLEVELAND

DYSFUNCTIONAL

GRIFFIN

JOE SWANSON

LOIS

MIKE HENRY

MILA KUNIS

MORT GOLDMAN

PETER

PEWTERSCHMIDT

QUAGMIRE

QUAHOG

RHODE ISLAND

SETH GREEN

SETH MACFARLANE

STEWIE

Batman Actors

```
U N R O K S C H G U O G M P G
B A M M C U B R Y O O K O W X
R J E L P A A U E L G N I H P
Z N E C O F L O D M C R R X S
L I N C K A E M A N L Q S D P
D C I T K H A I O Q O I Z D S
G H A H S N A T F T O Y K E O
S O C C N E L R D F N E X V Z
S L M E R I W E T H E R L I S
F S A F M O H A W E Y R U T I
N O T A E K M S X R O A I O T
T N H L E D G E R R O C O T L
M N A N A P I E R O F J T U F
U H W Z S B W A E O G V R P A
J M I A Q T S S Q I C F Q T L
```

A ECKHART	J CARREY
A NAPIER	J NICHOLSON
A WEST	L MERIWETHER
C BALE	M CAINE
C ROMERO	M GOUGH
D DEVITO	M KEATON
F GORSHIN	M PFEIFFER
G CLOONEY	N HAMILTON
G OLDMAN	P HINGLE
H LEDGER	V KILMER

In The Cell

```
R A J P E M X E A A S X T V S
O L H P L A N T I G E N S E M
L M L S S R E T I C U L U M P
D M I E E L O U C A V A T O I
M Z U T C H L O R O P L A S T
E S P I O A M E B A Y A R O T
M U I N R C T I C E R V A B L
B E S N G E H E S L R O P I L
R L L R A P T O B I A K P R E
A C O Z N G L C N A A M A T C
N U G X E U R P A D B M I P T
E N E Z L R T O E B R P G N N
Z W N L L L D C O U G I L L A
C Y E I E S A R E M Y L O P L
U C L Y S O S O M E S C G N P
```

AMEBA	MEMBRANE
ANIMAL CELL	MITOCHONDRION
ANTIGEN	NUCLEUS
BACTERIUM	ORGANELLES
BETA CELL	ORGANISM
CELLULOSE	PLANT CELL
CHLOROPLAST	POLYMERASE
GENE	RETICULUM
GOLGI APPARATUS	RIBOSOME
LYSOSOMES	VACUOLE

Dog Training

```
G C H A S I N G A Y L T H R R
E N S C R H E E L R S J A C S
Y N O C O J Y H E O T R R K U
S O C I A L I Z A T I O N B X
A I B O T N L Y S I M I E O V
N T N E U A I A H R U V S A U
X C T S D R C N R R L A S L A
I E U E T I A U E E U H H A Z
E R U S N I E G D T S E Z B L
T R L L D T N N E E E B H K P
Y O L H L R I C C M E S B E T
S C D K A O A O T E E R T V E
L F Q R F R G W N S B N S G J
R E I N F O R C E M E N T U M
Q N U C L I C K E R I I O W R
```

ANXIETY	HEEL
ATTENTION	INSTINCT
BEHAVIOR	LEASH
CANINE TEST	OBEDIENCE
CHASING	REEDUCATION
CLICKER	REINFORCEMENT
COLLAR	REWARDS
CORRECTION	SOCIALIZATION
ENCOURAGEMENT	STIMULUS
HARNESS	TERRITORY

Forts In New York

```
A I Q P A G O R E D N O C I T
S N O T N I L C E L T S A C F
U I I Y M N O T G N I H S A W
I A V W X L M H A M I L T O N
G G W E L O S W E G O H L E D
O A A L L T S C H U Y L E R E
J R D N A L R E H T E N W E N
K A S N R C R O W N P O I N T
O D W Y R N E H M A I L L I W
T I O D E T T E Y A F A L D D
X Q R L S O V L D C I I I P I
Y U T K T R O O V E S N A G N
M F H T A P O F D R G J M S I
O S E V P W M A D R E T S M A
X N R U N S A I Q T E S S E E
```

AMSTERDAM	NIAGARA
CASTLE CLINTON	OSWEGO
CASTLE WILLIAMS	SCHUYLER
CROWN POINT	STANWIX
DRUM	TICONDEROGA
GANSEVOORT	TOTTEN
HAMILTON	WADSWORTH
LAFAYETTE	WASHINGTON
LEVIS	WILLIAM HENRY
NEW NETHERLAND	WOOD

Homophones

```
P L Z C I T O E T J A T T R S
S R E H T E H W T G H M B A R
F H E S U A C R U R I A L F P
J E T H S S A B O G A W L R T
I M C A T E Q W M N R T N E Y
W G S U Q A N D R O E S A U D
L P F L A R E S A B C V M D O
S O F R U S C W R O R Q J G S
Z O L A S O S M R A U K U D R
A I B E P J Y E L O O E T E L
F A U L S R S P Q Z S T S N V
A G A L M S Y A I T S M M J I
Q V E T J C O I E S U V R N U
A T G P E O N N G R A R E Q H
I M T W V L N L Q I L S V S I
```

ALMS	LARVA
ARMS	LAVA
BASE	LESSEN
BASS	LESSON
CAUSE	SAUCE
CORES	SOURCE
FLAIR	THRONE
FLARE	THROWN
GUESSED	WEATHER
GUEST	WHETHER

Two Words In One

```
H M T Y X P V S G J E Y R S U
R C O B Q A P U F F B A L L E
B U T T E R C U P F T R O M N
L U N A X L T L L A B W O N S
U S F A W L L Y P L C S A P O
E F O W W T T H K R O W T R A
B N R H O A S O O W M V L I A
E U G I I I Y I T P E X E M N
L P I T C H F O R K D K Z R E
L T V E L I T M A W O C I O W
S J E C S D C T T E W T S S B
Y A W A T S A C S A N A N E O
H J O P S T D B P A E V W I R
C G U A E S E P U D P O O S N
A E U S B F R B D C D A D P U
```

ARTWORK	PRIMROSE
BELLHOP	PUFFBALL
BLUEBELL	PULLOVER
BUTTERCUP	REDACT
CASTAWAY	RUNAWAY
COMEDOWN	SNOWBALL
DOWNSIZE	TWOSOME
FORGIVE	UPSTART
NEWBORN	WHITECAP
PITCHFORK	WRISTWATCH

South Park

```
G W P I P P I R R U P S G M O
R O X W M W M O A I S M R R S
O D A R O L O C W U O X N G G
C S E P C U V K E N N Y H A L
U O N I T Q I Y A P C Z P R J
T L O L I H E M N J R R T R I
O I T N S U A O A R I R A I L
U S S P O R Z U T L E L Y S T
T T T C S I F N S Y S D T O A
S K T H A Q T T P U A E R N L
T Y A E A A E A P E R I T A S
Y L M F J W R I M I L R O L R
L E P R A K Q N C I I C E T B
E S H R E S E S P D N L F A H
F U T R O M U H S Q E A B D L
```

ANIMATION	MONA MARSHALL
APRIL STEWART	MOVIE
CHEF	MR. GARRISON
COLORADO	PIP PIRRUP
CUTOUT STYLE	ROCKY MOUNTAINS
ERIC	SATIRE
HUMOR	SITCOM
KENNY	STAN
KYLE	SURREAL
MATT STONE	TREY PARKER

Crafty

```
E F E K R A A S C I M A R E C
K Y H Y R E T I Y R E T T O P
G A R J R O G O S A G S L G C
W N C E I T W A G R H D E N O
B I I R D I E L L M A S O I D
V O C V M I A K A B E T N N E
G V N Y R T O R S T M E N N C
B A W E H A Q R S A E E T I O
E A R A C U C O B D B M S P U
A G R D E A R D L M H O A S P
D T A T E I R E O I E S R D A
W Z R L G N W V W O Y A S X G
O Y E A L O I T I R W I Q K E
R O M P R O A N N N A C A L H
K I T K I R C E G I G B N M T
```

ASSEMBLAGE

BASKETRY

BEADWORK

BONE CARVING

CERAMICS

COLLAGE

DECOUPAGE

EMBROIDERY

GARDENING

GLASS BLOWING

INTARSIA

LATH ART

MARQUETRY

METALWORK

MOSAIC

NEEDLEWORK

ORIGAMI

POTTERY

SPINNING

WOOD CARVING

Ghost Whisperer

```
R P D R H O M J J C L A N C Y
L X A I T N D I M G P S N L A
A W L U D T T J E L O S X U M
T R R Z E H H I S H T R T S A
E T U U U E J K E N N E D Y R
D O I L I L X S R U U A L O I
C R A W E I V D N A R G M O N
O S P U E G O E T K H T I C O
N A A R N H I Y S E V A V Z I
R O D N O T L I A F E B U R R
A Y S B D E D J X J N F O L P
D A X A R E N Y A P R M T S W
T T L N O V R M V Y A R G J L
I K U K G I E S K N A B D E Q
M R U S M S E U O O J B A Z I
```

A MARINO	J GORDON
A TYLER	J GRAY
C MANHEIM	J KENNEDY
C SANDERS	J L HEWITT
D BANKS	J MOHR
D CONRAD	M GORDON
DARK SIDE	N BANKS
E JAMES	R PAYNE
GRANDVIEW	ROMANO
J CLANCY	THE LIGHT

Just 'D' Job

```
T S I T N E D E C O R A T O R
R L T E V I T C E T E D L H T
O T S R E N I A R T G O D S R
W E D D D R I V E R A E Y P D
W R E E E U C T P A N L P E A
F T A B S V X S R T A F P P Y
O N L T I V E C A N M U S R C
I K M A G L T L A O T U D D A
I E A D N U N A O Y O I A N P
F M N V E U T B E P P D N A T
H T A I R A Y D E L E U C H A
S A G S D Z I T O G D R E K I
L P E O I T S M Q C A T R C N
R S R R O T A R T S N O M E D
O M W R O T C E R I D A A D X
```

DANCER

DATA ANALYST

DAY CAPTAIN

DEAL MANAGER

DEAN

DEBT ADVISOR

DECKHAND

DECORATOR

DEMONSTRATOR

DENTAL NURSE

DENTIST

DEPOT MANAGER

DEPUTY EDITOR

DESIGNER

DETECTIVE

DEVELOPER

DIPLOMAT

DIRECTOR

DOG TRAINER

DRIVER

Breeds Of Cat

```
R M R U T M U N C H K I N S X
E A B Y S S I N I A N T I L D
P E E P S X B W Q X B A F T A
K T S U C Y E O E S B R F G S
L X H E E B I R M A N O U A T
I P N A N S N B N B J K M E T
F N N A N A E A A O A U A O N
U R S P M N V N S E G Y G H A
P I W R G H A A I D G E A S I
O Q E A I L Z V J K C E R W S
N G L Z K U T A A A N A A O R
P U S I L R T H I S T O M N E
V E N E B E L U N G K L T S P
L T S E A R Y S R V C I C I O
I T A L O C I C A T T I D D M
```

ABYSSINIAN
AEGEAN
BENGAL
BIRMAN
BOMBAY
GERMAN REX
HAVANA BROWN
JAVANESE
KORAT
MANX

MUNCHKIN
NEBELUNG
OCICAT
OJOS AZULES
OREGON REX
PERSIAN
RAGAMUFFIN
SAVANNAH
SNOWSHOE
TONKINESE

Invertebrates

```
S K R O N J S B T T S L U I J
I S P O N G E C I L D O O W U
S E M H E L I L K K P I O U A
U V I S N A I L L V B S U A T
E K R I L L E F A Y C C M Q L
B N H F S V M R E B F R R T S
I E S Y L E U R E S O I K O A
O J A A D A A D O W H B S X L
A K V R A R L A W W Y B N H O
S I N C T E A O N K D O Y L B
B A R C Q H R G Q E O N O A S
N S T U A R W E R Z M W U R T
S S F L A T W O R M V O T O E
U O S E L C A N R A B R N C R
A R D L S I S A O M R M W E O
```

ARROW WORM	KRILL
BARNACLE	LOBSTER
BIVALVE	RIBBON WORM
CORAL	ROUNDWORM
CRAB	SEA ANEMONE
CRAYFISH	SHRIMP
EARTHWORM	SNAIL
FLAT WORM	SPONGE
HYDRA	SQUID
JELLYFISH	WOODLICE

In The Pond

```
T W T A J S S D H T I J P Y F
N T A A L G A E T P T H P Y I
A Q D I O O Y I J T M T B W G
M I P I O R U K X K F Y L O V
T S O U V F O U N T A I N R E
A K L I L I A N S R E T A W U
O A E I C I N S E C T S T W P
B E L A D R A G O N F L Y A O
R S R C A C E Q B A C S L T N
E P S H B L A N K E T W E E D
T R L K S L F I L T E R W R W
A Q U A T I C P L A N T S F E
W S D A O T F Z R O S F L L E
B X G D Z V S Y I X O I C E D
R W E T G I D B T M M P K A M
```

ALGAE	KOI CARP
AQUATIC PLANTS	NEWTS
BLANKETWEED	NYMPH
DIVING BEETLE	PONDWEED
DRAGONFLY	SLUDGE
FILTER	TADPOLE
FISH	TOADS
FOUNTAIN	WATER BOATMAN
FROGS	WATER FLEA
INSECTS	WATER SNAIL

To The 'Fore'

```
H F O R E B O D I N G Y F U D
N O K E A N S N F O R E S E E
F R B R F I R M E L I N F R B
I E E O O O N A R S U O E I A
F F F F R E R F W A R K U G P
O A O E E T T E O E E Z D U I
R T R R M Q S H S R R R X P N
E H E E E T N T E I E O O V A
C E G H N S A R A R G S F F F
A R R W T T H D A G E H T G O
S T O R I O R O R I L F T S R
T I U O O T F O R E S H O R E
J A N N N F O R E T O L D R R
E T D Y E G N I O G E R O F E
Q T S O D R O F O R E N S I C
```

AFOREMENTIONED	FORESEE
BEFORE	FORESHORE
DEFORESTATION	FORESHORTEN
FOREARM	FORESIGHT
FOREBODING	FORETOLD
FORECAST	FOREWARN
FOREFATHER	PINAFORE
FOREGOING	RAINFOREST
FOREGROUND	THEREFORE
FORENSIC	WHEREFORE

The Lakes Of Arizona

```
K X P N A B E N G Q U L P E H
Q K W C A S Y T O O T L L T A
Q Z T T M H Z R S M O E B O W
K S U T W F N E R S R W N A L
Y I Q O B W H I T E H O R S E
D P N R S L O T W W I P M O Y
P E D N K T A L F S G G I R E
T T A S I R O C L A E F I E T
A T N D O K A N K O I E C N T
R E K B H N I P E C H N W R P
I L W C S O R N L M A L Z A U
V T O A C K R E I R A N O C U
A R R J L R O S E C A N Y O N
C A T A R A C T E A K E X O F
A B H E W O O D S C A N Y O N
```

ACKRE	FOOL HOLLOW
ARIVACA	HAWLEY
BARTLETT	KINNIKINICK
BLACK CANYON	MORMON
CARNERO	POWELL
CATARACT	RIGGS FLAT
DANKWORTH	ROSE CANYON
DEADHORSE	STONEMAN
EARL PARK	WHITEHORSE
FAIN	WOODS CANYON

Cinema And TV

```
E P X U G B S I I C X X U Q I
L X O U T F C W T W I Y G B E
K R T F P U H I F P E T P O A
S I S R L C A D I Z I I I O M
R J A I A A N E L E E R V R I
M Z N R S S N S M I E B C E C
U E U Z R U E C I T S E T S R
S J P J A A L R N T S L F I O
J O B H E S R E G W R E A F P
O O I T H C S E A Z W C U E H
D K H H E E P N M D E P D A O
J N A E R N A P P A R F N T N
X M U P I E V L R Z C O A U E
S B R O A D C A S T N U L R R
J K T O S V G Y S N Y V T E W
```

BROADCAST	LINES
CAMERA	MICROPHONE
CELEBRITY	PRESENTER
CHANNEL	REHEARSAL
CREW	REVIEW
CRITIC	SCENE
EXTRA	SCREENPLAY
FEATURE	SCRIPT
FILMING	SOUND
LEAD ROLE	WIDESCREEN

Nevadan Islands

```
E L X A O C E L T Q T U C B R
B M S L E R E D L U O B G I B
P T S O E G D I R K C A L B A
C Q C Y R S W N N V N T T I L
T O O E K Z W S U A R T F G F
D A T X F S N S H L W L A H M
L I T T L E B O U L D E R O X
M O M Z O L S P R T A S R R J
R S I A D N E Y I E E H E N T
D N Q B R L W Q T N H I H O A
A A U T I Y X O T R S P T T A
K V K C U E P I O A M R A R W
D E A D M A N S V D A O E E E
T N E C S E R C P P R C W V R
O N W E L C H E M A T K P O O
```

ANAHO	LITTLE BOULDER
BATTLESHIP ROCK	LUND
BIG BOULDER	OVERTON
BIGHORN	PELICAN
BLACK RIDGE	PYRAMID
COTTONWOOD	RAMSHEAD
CRESCENT	SCOTT
DEADMANS	SENTINEL
EVANS	WEATHER RAFT
HERON	WELCH

```
S N I E T S N E K N A R F S A
H E A A L C S T A R W A R S X
T T L M X H S V E O N L O B U
R W H B E I C T S S S I T L A
A S E E I L R U A R N E A A O
E O S L I D B T C L Q N N D K
M L U S V R E I A Z K S I E R
O Y O E F E O R S M N E M R A
R A H R A N M N C I E O R U D
F R D E I O A O G N V H E N E
N I N N L F A M N I I N T N I
A S I I S M F R N K A E I E N
M O R T A E E E T O E N H R N
P H G Y F N J U P U R Y T T O
T R C M E T R O P O L I S E D
```

ALIENS	METROPOLIS
BLADE RUNNER	SERENITY
CHILDREN OF MEN	SOLYARIS
DONNIE DARKO	STALKER
FAIL-SAFE	STAR WARS
FRANKENSTEIN	TERMINATOR
GRINDHOUSE	THE INCREDIBLES
INVISIBLE MAN	THE IRON GIANT
IRON MAN	THE MATRIX
MAN FROM EARTH	TWELVE MONKEYS

Right Hand Drive

```
I M O L D O V A T X S E A L Y
U O U C I C S N R W A N D A T
R W O R B I B D P A Q G A I O
L R R Y U X T O G T I T T N C
K R A E L E C R R B N U A E H
J S H T G M H R R E A K H V I
Z L O L A N I A T U V C P O N
R R L N R Q L H A I R E G L A
I L U N I T E D S T A T E S G
A H N Z A R S S T T U R K E Y
R P B R L U X E M B O U R G L
P C H A D J Y R G U H M H R I
J E N I A R K U T Y A R M A N
P D O D D Y E M E N P E C A D
S A L A R K D P Y C Q T W D E
```

ALGERIA	MEXICO
ANDORRA	MOLDOVA
BULGARIA	NETHERLANDS
CHAD	QATAR
CHILE	RWANDA
CHINA	SLOVENIA
EGYPT	TURKEY
GERMANY	UKRAINE
GIBRALTAR	UNITED STATES
LUXEMBOURG	YEMEN

Slang

```
U B Z A P P E D C D E F P S G
H S R E K N U L C H A S L D R
P G C R Q Y S F A R I B T R O
V L U O Y P T V O N H C E A O
U E K O U X E U W O L P K W V
L D B C T C T S R S G O N E Y
X I L G A G H B R W I A G S N
F S O G T B N P A E Z O I O Z
T P W J S W R A O A U A A M O
D I N I G A B E H T N I Q E B
J L A M I N A Y T R A P T K S
V F W N L O D A E R B T L S A
G F A C E O F F H K A U O I I
S C Y E V S A G F O T U O S S
T O I Z N I E M I Z K U Q Y M
```

AWESOME	GROOVY
BLOWN AWAY	HANG TOUGH
BREAD	IN THE BAG
CHICKEN	KLUTZ
CLUNKER	NO SWEAT
COUCH POTATO	OUT OF GAS
FACE OFF	PARTY ANIMAL
FAR OUT	QUARTERBACK
FLIP SIDE	VEG OUT
GOOF UP	ZAPPED

Parts Of The Body

```
V O U O A U T P A S T A Y K T
D B L T H M M B G R J Q Q C B
T P Y S T R N R L R L T S O D
U J K E R Q N I A R B E O K V
H J G H Y D V X N E L B O W F
G M N C H E E K D O R F U R X
D U U A R V B N G T R O R J A
A S L N E V A R I C D R F A A
N W T L E N F E O T L E M C R
K O E O E D O D X W S H Q S O
L E S I T T O L G I P E O N N
E W I T R G U U O O S A T U T
A S I I R P W O D C P D S N J
D Y E N D I K H L U M U E L I
P N W L N A L S Y X N D T E L
```

ANKLE	FOREHEAD
BRAIN	GLAND
CHEEK	GULLET
CHEST	ILEUM
COLON	INTESTINE
DUODENUM	KIDNEY
ELBOW	LIVER
EPIGLOTTIS	LUNG
EYEBROW	NOSTRIL
FOREARM	SHOULDER

Forts In Pennsylvania

```
I N L R E I U H Q T K P P U M
Y H S T A U G U S T A N L P I
A A L O J R R E I N O G I L F
O L L B O O A T E L G S R L F
A I A Z M E N S E U Q U D L L
A F M U P C V E N A N G O E I
O A S I G R I V S R E X P L N
O X T S X H L N O D U D T E E
U T R P F S L B T R R H C B Z
Q V E G A C E I E O U E P O R
Z C B W S R D E N N S W Z E S
D R O F D E B T T S S H T U Z
N P R E S Q U E I S L E S F Z
T R A W E D R T L U A H C A M
A U T X V A Y L J A I X U W H
```

AUGUSTA	LIGONIER
BEDFORD	MACHAULT
DEWART	MCINTOSH
DUQUESNE	MIFFLIN
GRANVILLE	NECESSITY
HALIFAX	PITT
HUNTER	PRESQUE ISLE
JONES	ROBERDEAU
LAUGHLIN	ROBERT SMALLS
LE BOEUF	VENANGO

Turtles And Tortoises

```
E  E  N  G  E  C  T  O  T  H  E  R  M  S  G
E  L  L  O  L  X  A  Y  N  Q  S  V  R  K  V
S  S  T  T  T  L  O  R  E  P  T  I  L  E  S
U  R  I  R  R  E  E  S  A  G  N  D  S  P  T
O  A  O  O  U  U  L  H  K  P  G  I  Q  L  E
N  L  H  O  T  T  T  E  S  E  A  S  F  A  S
I  U  A  O  F  R  D  R  K  Y  L  C  I  S  T
G  C  T  T  A  E  O  E  E  S  N  E  E  T  U
A  S  C  S  E  C  D  T  D  V  O  O  T  R  D
L  U  H  X  L  L  I  T  T  A  I  D  B  O  I
I  P  L  K  N  U  U  L  U  N  E  R  N  N  N
T  E  I  L  A  S  R  B  A  R  A  H  Y  E  E
R  R  N  Z  I  I  N  U  S  J  T  I  G  L  S
A  C  G  A  S  V  A  O  R  K  U  L  G  I  F
C  V  O  S  A  E  L  T  R  U  T  A  E  S  B
```

ASIAN LEAF TURTLE

BIG-HEADED TURTLE

BONY SHELL

CARAPACE

CARTILAGINOUS

CREPUSCULAR

DIURNAL

ECTOTHERMS

EGGS

ENDOSKELETON

EXOSKELETON

FLY RIVER TURTLE

GIANT TORTOISE

HATCHLING

PLASTRON

RECLUSIVE

REPTILES

ROOFED TURTLE

SEA TURTLE

TESTUDINES

A Good Friend

```
C G I K Z S R X R Q P C T F M
T A L A I N E G B B O O L T R
H S R D M N S P A U L I S C L
E R E I B U D C S M I L I N G
L V L N N X S V Y F T T P B L
P V I T O G S I N C E R E C D
F R A T T H E U N H A A C H G
U S B F R G Z L T G H Q S E B
L E L L F O I A B R O P N E R
R T E U F A P V I A T U F R K
P T N A A M B P I R I R X Y F
T N L O Y A L L U N U M Q L T
Y R R S Z X S E E S G T A N X
Q R T L P L E E U S T P E S T
U I T X X I P L Y N J G Q C B
```

AFFABLE	HONEST
AMIABLE	KIND
AMUSING	LOYAL
CARING	POLITE
CHEERY	RELIABLE
FUNNY	SINCERE
GENIAL	SMILING
GENUINE	SUPPORTIVE
GIVING	SYMPATHETIC
HELPFUL	TRUE

Fossils

```
S O L E N I T E T I H C N O C
B L A S T O I D P U L F O W F
Q E E I Y I G W H N O L E A U
A T T Q N Z N P T J T T T V O
B I I I O U Y I I K I A I M I
A L T Y B J T C L B R C N G W
C U U O Y M O U O L J R O X P
U M L V S P O L Y G E I M I S
L M O O A T I R H I W T M D C
I U V L A R R R T K Q A A L A
T N I U T S C A H S H R M B P
E T I L O P R A C P T C B R H
E Z L I T I M L I I Y H E W I
P R Y T U R R I L I T E R O T
O A S E C A L A M I T E T I E
```

ACRITARCH	NUMMULITE
AMBER	OSTRACITE
AMMONITE	SCAPHITE
BACULITE	SOLENITE
BLASTOID	STROMBITE
CALAMITE	TELLINITE
CARPOLITE	TRILOBITE
CONCHITE	TURRILITE
COPALITE	VOLULITE
ICHTHYOLITH	VOLUTITE

'R' And 'R'

```
R R P C E K R A V K P T B Z E
E O U L U G F R Q K F L R K K
T T L N R E L D D I R F B T V
F O R U E T N O C A R R L L X
A R R E L T T A R K E E P R R
R A R T S I G E R U T V V P J
A D A E P E R Z Q A A O H I L
E I I W T E R N P G W C K S R
P A L P G I O V I M N E I A U
P T C N L C U T O A I R D R I
A O A B E F T R Q I A O Q H P
E R R R R A C E C A R M T Y V
R A C R E B M E M E R U P E P
I R O A D R U N N E R R E A O
N R I Y I C O F B L N O T V X
```

RACECAR	RECOVER
RACONTEUR	RECRUITER
RADIATOR	REGISTRAR
RAFTER	REMEMBER
RAILCAR	RESERVOIR
RAINWATER	RIDDLER
RANGER	RIVER
RATTLER	ROADRUNNER
REAPPEAR	ROTOR
RECONQUER	RUMOR

Seinfeld

```
J G A Q J T U G R S R H C U N
T H E S T A T U E T Q J O N I
E I V O M E H T Q D T A S C N
D S S O R N A S U S L S M L E
A I E I P G O T X H A O O E S
K R V N Y D E M O C E N K L E
P R E A E N Q C O J D A R E A
N U O T D B J E O S E L A O S
E N D Y T Y E B O S H E M T O
W S B N W E R N P D T X E N N
M I C H A E L R I C H A R D S
A T L V E T N E A A S N N H U
N C Y O F S S D H L L D X Z E
A O X O B G N O R T S E H T A
I M D L E F N I E S Y R R E J
```

COMEDY	NINE SEASONS
COSMO KRAMER	SITCOM
ELAINE BENES	STAND-UP
GEORGE COSTANZA	SUSAN ROSS
JASON ALEXANDER	THE DEAL
JERRY SEINFELD	THE LETTER
LARRY DAVID	THE MOVIE
MICHAEL RICHARDS	THE STATUE
NEW YORK	THE STRONG BOX
NEWMAN	UNCLE LEO

Picnic Time

```
J R C G W S C O O K I E S F U
I X M U K I M P R L N R P S T
I W V O T I R U L G U O M S R
K I B P V L L A A S A Q A A L
N N S R E N E P O E L T T O B
P E S E E A M R C I L A T F O
T Q E N P A N A Y R E X R B O
K S H R H I D U R R R I E O K
S T C C C A W D T E B I S C S
T W I R O S O D Z B M U S H R
R G W O L I N V N W U A H E O
P U D D I N G U U A T T C E Y
V E N A P K I N S R H R T S S
A P A P E R P L A T E S J E K
Y X S P U C C I T S A L P E R
```

BOOKS	NAPKINS
BOTTLE OPENER	PAPER PLATES
BREAD	PEANUT BUTTER
CAMERA	PLASTIC CUPS
CHAMPAGNE	PUDDING
CHEESE	SANDWICHES
COOKIES	STRAWBERRIES
CUTLERY	SUNSCREEN
HAND WIPES	UMBRELLA
MATTRESS	WINE

In Court

```
P L U H S S P R X U J J F Y S
S F F I T N I A L P U B E D E
K S F A A N H L R R S A P A Q
D E S U C C A O Y L T T Y S C
I U M E T R S D I S I T P E R
N P J G N E X T N E C O N N I
T R Y D C T I T P E E R L T M
E I A U M G I U G R F N H E I
R S T J A S B W E S E E G N N
P O Y N L L Q T M F T Y D C A
R N T C I D R E V R H S W E L
E E L C B U Y A H Z F R E A F
T R I E I L N X R T X P S R L
E E U R P A B J P N A L I J V
R F G R B I F O S O Q E I A Z
```

ACCUSED	JUSTICE
ALIBI	LAWYER
ATTORNEY	LITIGANT
CRIMINAL	PLAINTIFF
DEFENDANT	PRISONER
GUILTY	PROSECUTOR
INNOCENT	PUBLIC
INTERPRETER	SENTENCE
JUDGE	VERDICT
JURY	WITNESS

Hats

```
T P B A B R P U E E S T B R U
O B O N N E T F S N X G S P Q
P E E S W O M A A E N A L A R
A R R K O E R A R I I U S E N
A E R U D M Z I G L R C H L P
T T A L N N B H O U X H W B M
R Q J L U W T R B A R O D E F
I E X C S C T U E L E M T E N
L C P A A C E W O R O C I H C
B P N P O N P S J M O O P I A
Y N O R O Q O J D S U S M V E
A L N O S T E T S K I M M E R
R E V A E B R A E H S H E U R
T U S C L O C H E R T V X X E
P L Y L L K X X H D B Q K L A
```

BEAVER
BEEHIVE
BERET
BLOOMER
BONNET
BRETON
CLOCHE
CORNET
COSSACK
FEDORA

GAUCHO
NIGHTCAP
SAILOR
SKIMMER
SKULLCAP
SOMBRERO
STETSON
SUNDOWN
TOPPER
TRILBY

Enzymes

```
E E S A L Y M A B L K T T E F
X L T J Y R E D U C T A S E E
S A T A J E S A L I R T I N U
E S A C C H A R A S E Q I I D
F T L K T H L O D T L S Y S S
Y A G S M H Y A X L H O J P C
S S L S S N R D W I I R A A B
B E E J E I U O R A D P T E R
E S S M M M F V M O E A A T T
A A A A Y S L T A B L S S S R
L N T L E A U L X A I A B E E
R I C T D L S R S S G N S T N
S K A A W P C E S A T Y C E I
U B L S T N Z U I Z C E R R N
H J P E P S I N N C R U R F R
```

AMYLASE	NUCLEASE
CATALASE	OXIDASE
CYTASE	PEPSIN
ELASTASE	PLASMIN
HYDROLASE	REDUCTASE
KINASE	RENIN
LACTASE	SACCHARASE
LIPASE	STEAPSIN
MALTASE	SULFURYLASE
NITRILASE	THROMBIN

Star Trek Aliens

```
V M Y O F S T O D X A E N A R
B M K M E E U D L U R I A N X
Z U P D E T Z O V B Q A C A R
L U Q A P D S L A K W A L B H
B Q O L X L U J I S R C U Z R
G A R D R A O S A D U Y V P A
H R A E P R N U A G E T T P F
X O U A A K R S P N A H F Z L
R M R N A I S U E G L E T E B
I U L T A I L A N D O R I A N
O L K N A B I L A A N I D S I
J A S N O R T E M A D A R A J
T N R R S Y A G K L I N G O N
U I G P T J G Q V I T K E E E
T E S S W T B E B D G U H X E
```

AENAR	JARADA
ALDEAN	KLINGON
ANDORIAN	LURIAN
BAJORAN	MEDUSAN
BETELGEUSIAN	METRONS
BORG	PAXANS
CARDASSIAN	ROMULAN
CYTHERIAN	SAURIAN
DINAALI	TAK TAK
HORTA	VULCAN

Mother's Day

```
B O I Z J Y C A R I N G I I C
D O D I P R A E Y A D I L O H
O L U U M N J D L E U O X T O
E P O Q D S R P L E S D R A C
F V A V U S R T A A B X Y Y O
L M I L I E A S X R I R S U L
O N S T S N T K M R T C A I A
W T V E S R G S R A L Y E T T
E P N M E E B O S H N A T P E
R T Q K N H F A M I L Y I L S
S I R R S T U O L A E M E E R
F J L W N E R D L I H C K W H
B R E C O G N I T I O N A Y N
L R E D N O B L A N R E T A M
O Y N O I T A I C E R P P A U
```

APPRECIATION	HOLIDAY
BOUQUETS	LOVING
CARDS	MATERNAL BOND
CARING	MEAL OUT
CELEBRATE	PARTY
CHILDREN	PRESENTS
CHOCOLATES	RECOGNITION
FAMILY	SPECIAL DAY
FESTIVE	TAKE IT EASY
FLOWERS	TOGETHERNESS

All Hours Of The Day

```
S U N S E T S H O A M K K N M
B G L A R E N C T R O T T N I
R O U Q Y E M I T R E N N I D
J R A Y D O P I V A S M E A D
B R E A K F A S T T I M E E A
K L W W F K I I E R S N Z S Y
Q N M W T T M R T V E S G I L
A F E R H E E S S S D P F R A
U D V N G P T R I T A J P N U
O P E M I T H C N U L Q U U D
G D N P N L E X T O O I E S S
C N I K D M P R R Y O L G S T
I O N A I F J M A T I N S H R
J R G R M Z Z M O R N I N G T
D A P W D U W I T C H I N G N
```

AFTERNOON
BREAKFAST TIME
COMPLINE
DAWN
DINNERTIME
EVENING
FIRST LIGHT
LAUDS
LUNCHTIME
MATINS

MIDDAY
MIDNIGHT
MORNING
PRIME
SUNRISE
SUNSET
SUPPERTIME
TEATIME
VESPERS
WITCHING

Money, Money, Money

```
Z L O G Q G O K A X H R Q E T
Y W A A I Z D A L R S K T N T
X I C K T I C E N T B F Z K P
R M G A N U U X K Y S K E H Z
A F K A P R M O X M P D X P X
A B R M O T R S D Y E U K I A
K Y B H U U D E P U G Z H X E
T A U C N E D L U G C D Z V S
S R U A D I M E A I S S K R I
U G E R N Q F W L I V R E S P
F K O D A Z U R C P C T E Q F
R R R U Y H S R E O C L U G W
T A A A R O I S G S T P S K P
M C P N M D O L L A R U B L E
A S N I C K E L G B V A A E T
```

CENT	GOURDE
CRUZADO	GULDEN
DIME	KORUNA
DINAR	LIVRE
DOLLAR	MARK
DRACHMA	NICKEL
DRAM	PESO
ESCUDO	POUND
EURO	RUBLE
FRANC	YUAN

It's Cactus

```
H V P C A N D E L A B R O R R
O H N B I S H O P S C A P A E
Y D U L U E N I V N O M E L D
R A E P Y L K C I R P O T S X
S J W S S R C S T X C D C S X
A G O H E G D E H N E E R G B
H L A H I R D L X V P N E E C
U N U Y U T T A U E V O A R S
A A E M E M E B G I Q V M M L
R V K H A L G K A G E I R X A
O A A A C C L P N R E A A Q B
J J I G S E N O T I R R E P U
N O P A L E T A A T G E R U R
C R R V U L I E M T B H L S V
I V H E R L Z T T E H C T A H
```

AGAVE	LEMON VINE
BEAVERTAIL	MANCAMULA
BISHOP'S CAP	NAVAJO
CANDELABRO	NOPALETA
CLUB	PERRITO
CREAM	PRICKLY PEAR
DAGGER	RAMO DE NOVIA
DESERT BARREL	SAHUARO
GREEN HEDGEHOG	TETECHE
HATCHET	WHITE KNIGHT

Gulls

```
S D O C I P D G P B P E T Y H
V K T H A Y E R S O Y L J A E
Y P D D B L L K D N S T W L R
F R A N K L I N S A U T E L R
M S Z A S D A F E P L I S U I
H N A L E E T C O A R L T S N
E L T E F D W W K R A R E N G
S A I C B A O T P T N T R N B
E U V I R E L Q Y E A I N A I
N G O T C H L B E S P I A M L
I H R C Z K A C O Y G R L R L
B I Y S U C W K H B T O I E E
A N W H K A S D S E T S A E D
S G T E U L L T R D R S O H R
R G D O M B X G M S M S V A S
```

BELCHER'S	IVORY
BLACK-HEADED	LAUGHING
BLACK-TAILED	LITTLE
BONAPARTE'S	RING-BILLED
CALIFORNIA	ROSS'S
FRANKLIN'S	SABINE'S
GLAUCOUS	SLATY-BACKED
HEERMANN'S	SWALLOW-TAILED
HERRING	THAYER'S
ICELAND	WESTERN

Official State Foods

```
K A L K N C O Q S R T R P K T
E E L P P A L F R Y B R E A D
O T I H C O C Z I B A Y A R O
X T P P Y R R E B E L K C U H
E A T E M R E S P I E M H C N
E B E G N A R O M S R S E I R
R M G E S W E E T P O T A T O
N I K P M U P R H V M I B S C
P T E W T I A P C C G R M A P
R X C S E W L X I N E G M A O
Y R R E B K C A L B O K A Y P
Y R R E B N A R C W A T O M S
S C R T B L U E C R A B S H K
Y R R E B E U L B O I B X O C
Y E X Q I M Z H E A P P L L B
```

APPLE	HUCKLEBERRY
BIZCOCHITO	KEY LIME PIE
BLACKBERRY	MOREL
BLUE CRABS	ORANGE
BLUEBERRY	PEACH
BOSTON CREAM PIE	PECAN
CHOKECHERRY	POPCORN
CRANBERRY	PUMPKIN
FRYBREAD	STRAWBERRY
GRITS	SWEET POTATO

Made Of Wood

```
R R T W O O D E N S P O O N L
S E K F C M Y S S R R O X H T
O D L S A A T U B I O Q T A L
F R R P E R M O D A Z F O R H
E O D A V I W H I H R B O D T
F C R I O M O N R C N F T B L
S E A N T B R E A E X Q H O N
O R O T S A R D D Y O T P A U
E A B B D C O O L O D A I R S
Z T P R O V O O O B I B C D I
E I I U O W P W E L F L K E T
R U H S W H L D W Z F E S P J
S G C H O P S T I C K S P W T
S R G N I D D A L C T A O O O
T T E N I R A L C N C G Y F R
```

BEDS

CHAIRS

CHIPBOARD

CHOPSTICKS

CLADDING

CLARINET

FLOOR BOARDS

GUITAR

HARDBOARD

MARIMBA

PAINT BRUSH

RAFT

RECORDER

TABLES

TOOTHPICKS

WOOD STOVE

WOODEN BOAT

WOODEN HOUSE

WOODEN SPOON

XYLOPHONE

North American Languages

```
S R K A O M P Y L Y B P E V E
H E M G R Q S T O U Q E P I H
H A M O H A W K T H U R O N L
V J O A A U K M E S A S L R N
A H J A R H H I H I E P S G L
H X A A L O L C R M U N A A Z
R X V I T T R M X A U Q E R I
Q E E H S I G A T U P E U C A
S G L U V L G C C Q O A A M A
A K K O A T A N O S L I C J T
E T A I N U K T I T U T S H O
N F I H C I M U O L V T P T E
W A N W Q E M A W T T R X L E
J C H E R O K E E O Q M P I D
C E B T I S R K S T E Z U M E
```

APACHE

ARAPAHO

ARIKARA

CHEROKEE

HAISLA

HEILTSUK

HURON

INUKTITUT

MICHIF

MICMAC

MOHAWK

MOJAVE

PEQUOT

SEMINOLE

SENECA

SIOUX

SQUAMISH

TAGISH

TLINGIT

TUSCARORA

Classical Music

```
T Y P V S C A L E T H J T Y A
Q A A A S G N O I B C J D E B
R L L Z Y O N C A A H R V P A
T T X N S A R I J A O S U B G
R O N E T U P F R B R R K S A
P I R D B R F P L T U F R C T
L C H A M B E R M U S I C O E
P T T C L A R I N E T E R R L
S O N A T A Z E R T L E T E L
P I A N O F O R T E L L R U E
A B T S S N P A R S L L T I S
D I N O O S S A B B I L A F E
G S O P R A N O N A C G Z T U
V S D Y C D A C R E S I E X E
N O E N O T I R A B Z R Y R D
```

ACCELERANDO	FLUTE
ALTO	PIANOFORTE
BAGATELLE	REGISTER
BARITONE	RUBATO
BASSOON	SCALE
CADENZA	SCORE
CANON	SONATA
CHAMBER MUSIC	SOPRANO
CHORUS	STRINGS
CLARINET	TENOR

Hobbies

```
E A U P M L P T E X T I L E S
Y G F A H D X W O O D W O R K
W N G I O O I D A R M A H G O
Z I S R C P T U T E M Y Y E O
C N N C Y O O O L M S E N N B
B E M E I U L T G O N U O E P
E D E U M N R L T R I H L A A
S R I D K A O P E E A L A L R
Z A B A N A K R A C R P C O C
I G M H O Q S I T I T Y H G S
K N I T T I N G N C L I I Y T
F W R I T I N G R G E Y N W F
S M T S I U I Y X I D L R G A
D D T A N N S T O B O R E G R
S J U G G L I N G A M E K T C
```

BELL RINGING	MAGIC
COLLECTING	MODEL TRAINS
CRAFTS	PHOTOGRAPHY
ELECTRONICS	POTTERY
GARDENING	ROBOTS
GENEALOGY	SCRAPBOOKS
HAM RADIO	TEXTILES
JUGGLING	WINEMAKING
KNITTING	WOODWORK
KNOTTING	WRITING

```
S A O A S O M B R E R O E Y D
G U A L L I N A V C I D S V W
X A E I L P L M S P P A G D I
J L L C N I A H O O L C R A B
N J L T M R D C T S R I R F L
C A N Y O N O A A T Q N T A R
H G T P S N T F M M U U E X C
F U T R H O B Y I R I M I S O
S A R O T A G I L L A M O T Y
B R N R C E F W R H A O R I O
R P A T I O T G P A N C R P T
E Y R H A C I E N D A N T K E
E U C E B R A B E A N I S U Y
Z B Z R S P N N A N A U G I I
E U Y R S P Z L E E B S I U N
```

ALLIGATOR	HURRICANE
ALPACA	IGUANA
ARMADILLO	INCOMMUNICADO
BANANA	JAGUAR
BARBECUE	MOSQUITO
BREEZE	PATIO
CALIFORNIA	POTATO
CANYON	SALSA
COYOTE	SOMBRERO
HACIENDA	VANILLA

Craters Of The Moon

```
R D R R M D N I D N A L A B O
I U L A T O B B A I T K E N S
T Z O H S I D N E V A C W D G
S O D I L G G J W Y Q Q A M Z
R I B A R N A R D U R V R A H
P I Y Q L A D K E I Y C N U U
B B W E X L N R G L K S E N N
T P I P L V E U A Y T O R D R
I W K M V L O P Z R I U E E O
L G T A A Q A H A A B P I R S
Y A G E L R L H K C E V R P I
U L W I D V A S G I H E A H P
Q R G G R P S L R E T R O Y B
T H S T I G B O D E G N T X T
I Q Q C N A N A X I M E N E S
```

ABBOT	DAVY
AITKEN	GRIGG
ALDRIN	HALLEY
ANAXIMENES	MARALDI
BALANDIN	MAUNDER
BARNARD	THEBIT
BECQUEREL	TIKHOV
BODE	VERNE
CAPELLA	WARNER
CAVENDISH	ZANSTRA

Six Letter Words

```
Z C U P U R P L E T Z W P F G
U C F I C L S L I G H T V R O
Y L M L A C E U O R N L G E J
R L Q C T A B L E T Y A J S Q
T G E T E L D O P E N E R C R
A D N V D M A Y T M Q Y P O N
R I E K O S T R I V E S T F C
A Z R A W L I E Y E L T T F V
S H G U X L N K V N E C H I O
S L Y R O T G A J N X E M C C
R B I O O I E B P S R P Q E R
K J J V L U X I B H A M O M L
L D A I D I N G C C Z Z P J T
Y J S T T C H D T G S B M H G
R Q P R L I O Y N T W O P U I
```

AIDING	OFFICE
BAKERY	OPENER
CALMLY	ORANGE
DATING	PLACED
ENERGY	PURPLE
FRESCO	ROTTEN
GROUND	SLIGHT
IMPACT	STRIVE
LARYNX	TABLET
LOVELY	TEMPLE

Visiting The Doctor

```
A A F A D A R C S P R A I N P
J L B C A Z N E U L F N I N D
M N L U E A D P K T J K Y I I
S O O I R R M A R E S R U N E
I I O I G P U K C E H C T E P
S T D F T N M T N E I T A P O
O A P E J P I B A N D A G E C
N T R V E O I L I R A O A N S
G L E E N F X R E I E M O T O
A U S R B X F J C E S P W P H
I S S S E E M E E S F U M V T
D N U C L I N I C M E I U E E
L O R P I S O R E T H R O A T
O C E S M O T P M Y S M P I S
C T I G I P O J V A I O X W X
```

BANDAGE	INJECTION
BLOOD PRESSURE	NURSE
CHECK-UP	PATIENT
CLINIC	PRESCRIPTION
COLD	SIDE EFFECTS
CONSULTATION	SORE THROAT
DIAGNOSIS	SPRAIN
FEELING ILL	STETHOSCOPE
FEVER	SYMPTOMS
INFLUENZA	TEMPERATURE

Texan Islands

```
Z S S T I D A A J O S T T U T
S Z S B A S P O I L B A N K S
A U I A D N A L S I H G I H O
U A M Y R E T P R C O Y O T E
W S T U O G L O T J Q B P X Z
R S T C G E R S I H S L E E Z
D E S O A S O U T H P A D R E
A M U S T A N G A B M C I D B
G B U E A R I M U T P K S A R
G R I U M Z R K J E N B E P R
E A A Q H O Q W L G Z E L H K
R Z S O C P A O P B P R G T S
P O R K A R N L Q Y Y R N R K
T S S A D E W B E R R Y I O M
E S K O I G A L V E S T O N T
```

BAYUCOS	INGLESIDE POINT
BLACKBERRY	MATAGORDA
BRAZOS	MUSTANG
COYOTE	NORTH PADRE
DAGGER	PELONE
DEWBERRY	PLEASURE
GALVESTON	SHAMROCK
GRASS	SOUTH PADRE
HIGH ISLAND	SPOIL BANKS
HORSE	WARD

Having A Party

```
H C A K E E N G A G E M E N T
U E R Z I N K R M A S L S I R
S L D R N I X Q A G R G T D E
F E I D V W S T N E S E R P C
Y B N Z I G S I P S Y S X H E
C R N O T N D A Q D R W O A P
H A E Z A I N S D S B C E P T
A T R T T L E E H G O T A N I
M E W D I K I G R L C R O O O
P U A R O R R K A P T S S H N
A L R P N A F T J Y A M E A L
G V E I S P E D F M R R D P A
N B A B Y S H O W E R N T P R
E F I R E W O R K S L Z N Y A
B I R T H D A Y R R E M S K Q
```

BABY SHOWER	FRIENDS
BIRTHDAY	GLAD TIDINGS
CAKE	HAPPY
CELEBRATE	INVITATIONS
CHAMPAGNE	MERRY
CHOCOLATES	NEW YEAR
DINNER PARTY	PARTY FOOD
DINNERWARE	PRESENTS
ENGAGEMENT	RECEPTION
FIREWORKS	SPARKLING WINE

Macbeth

```
O C Y R R A V I S F N I Z G L
B A N Q U O U I U Z A Y U I F
T Q A S H A K E S P E A R E F
T H A N E O F C A W D O R E U
N Y A L P H S I T T O C S F D
O A U N A H C J D U W P G I C
T R A G E D Y T E U U S N F A
Y R P C D O Y J I G N I S F M
E E A R I M F M M W A C F O N
S T A D C S L G A B E D A E R
E R X M I Z E R L C R E A N V
L O A W G E A A C A B X R A T
T P A L E K N U O F M E O H L
S R Y F R O C J L E R I T T T
D E D L D O E L M D M L S H V
```

BANQUO	ROSS
DONALBAIN	SCOTTISH PLAY
DUNCAN	SEYTON
FLEANCE	SHAKESPEARE
HECATE	SIWARD
LADY MACBETH	THANE OF CAWDOR
MACDUFF	THANE OF FIFE
MALCOLM	THANE OF GLAMIS
PORTER	THREE WITCHES
REGICIDE	TRAGEDY

Soft Drinks

```
M A T N A R R U C K C A L B M
B P D R O O T B E E R J I W T
A R I O F R U I T P U N C H A
B B C N S M A E R C G G E B R
X E A L E M O N A D E S D U A
R N T R T A A S G L W L T R D
E E O S L T P E F E O F E D O
E R N N V E S P R R J C A O S
B G I D R A Y V L C P U E C Y
R Y C T L H E W G E E M I K R
E D W I R E V I A U J C R C R
G R A P E F R U I T J U I C E
N I T T T E C I U J E M I L H
I N E E C I U J T O R R A C C
G K R L E M O N A N D L I M E
```

BARLEY WATER	GRAPEFRUIT JUICE
BLACKCURRANT	ICE CREAM SODA
BURDOCK	ICED TEA
CARROT JUICE	LEMON AND LIME
CHERRY SODA	LEMONADE
COLA	LIME JUICE
EGG CREAM	ORANGE JUICE
ENERGY DRINK	PINEAPPLE JUICE
FRUIT PUNCH	ROOT BEER
GINGER BEER	TONIC WATER

Saints

```
E T I Y R W M O T U O G D B M
F E T S E M O R E J L O W V G
L R A S H T K M N S M O I B Q
G E E O P T H F R I O C E A U
P S R U O T F O N I T R A M P
O A G O T T S I M O N L B H S
O O E A S R C E R A A X U M S
U F H N I Y F I D I S R I C A
U A T E R L A E U U Z M Q L Y
U V O M H P T L G Q J R O A O
A I E O C T J O A N O F A R C
W L L L E N I T N E L A V E E
S A N I U Q A S A M O H T R U
L W E H T T A M O N I C A W D
M W U P E T E R P V Z V B U E
```

AMBROSE	MARTIN OF TOURS
BERNADETTE	MATTHEW
CHRISTOPHER	MONICA
CLARE	PETER
DOMINIC	PHILOMENA
JEROME	TERESA OF AVILA
JOAN OF ARC	THOMAS AQUINAS
JUDE	THOMAS MORE
LEO THE GREAT	VALENTINE
LUCY	VICTORIA

Bracelet Charms

```
D U S E A P P L E R M G R M T
T V D Y F M O N K E Y H J I R
O J L I T R D H A O E L B I B
U X S A D Z O O C D G B T O S
A H N K O R L G G U A A U T U
G B A L S B P E N R L N R W M
T S K E I L H L I A E A T X A
T E E E E O I C D U W N L R T
S L C G G P N Y D B P A E F V
P O N I N U R A E E E S R M R
R A Z R D A L R W N P O T M S
T I R A T A R L G Y O W R X P
N A R F P Y Q O Z T Y M U S T
P S A F B O F I A R T D K V E
Y M H E S I V A D R F O N T T
```

ANGEL	HORSE
APPLE	LION
BANANAS	MONEY
BIBLE	MONKEY
DICE	ORANGES
DOLPHIN	RABBIT
FISH	SNAKE
FROG	STRAWBERRY
GIRAFFE	TURTLE
HEDGEHOG	WEDDING CAKE

Fencing

```
W R C A Q T I A A S B O C I P
S Y P A R R Y O C K J O E N D
N O Q I A P A R X J U P U R T
B O U P P O H S S N V I A T I
J I I A Y H B S T Y S W O R D
T E N T F Y E E N I L H G I H
R N T D C O R P S A C O R P S
S R E T R A U Q E S O L C O P
X S O M T A E B R E O A X S K
H A D T E Y A L L L K I P T H
F B A F K B O Z B I S O R E J
Q C R E L B O W G U A R D S X
K B A L E S T R A B O G T X X
Y O F G A R E O E G U D S X Z
V R R K Z B U O A D V A N C E
```

ADVANCE	DRAW
BALESTRA	ELBOW GUARD
BEAT	EPEE
BIND	GUARDS
BOUT	HIGH LINE
CLOSE QUARTERS	PARRY
CORPS A CORPS	QUINTE
COUNTER-ATTACK	RAPIER
DEROBEMENT	RIPOSTE
DOUBLE ACTION	SWORD

Beauty

```
L B R R R K R T G W R O L L H
X P P A E E Y E P E N C I L T
V R F C Z N L Q L A C J P O A
U E O O S L I A I R X G G O K
Y Y Y N U L S L E E U O L M P
A R M D B N P K P C P C O O I
R D O I R O D E C I N H S I A
P R U T L M D A R I L O S S C
S I S I V O R Y T F T Y C T H
R A S O E S T A B I U S Q U F
I H E N W R F I O U O M P R C
A E Y E S H A D O W T N E I G
H A I R B R U S H N K T S Z L
M X M A S C A R A L V T E E W
G O O I F A C E P O W D E R S
```

BODY BUTTER
CONCEALER
CONDITIONER
CURLER
EYE PENCIL
EYESHADOW
FACE POWDER
FOUNDATION
HAIR DRYER
HAIRBRUSH

HAIRSPRAY
LIP GLOSS
LIP LINER
LIPSTICK
LOTION
MASCARA
MOISTURIZER
MOUSSE
NAIL POLISH
PERFUME

```
I D U P X M A N D I S A R S D
S R A O I R R R A T S N A Y R
K N F V N E K I A Y A L C T A
C A R R I E U N D E R W O O D
I D J O R D I N S P A R K S D
H I B A A G A C E Y O U N G U
R A L N U Y E R E C Y N E R T
O T A E G K O O C D I V A D S
L U K L N Y L J R H V B T U N
Y R E L I S A D N G U T O R E
A N L A T W H D F A E L P B B
T E E S S B O A Y P G H E U U
L R W I U S Z U M A A E U T R
V R I R J M W S I W J R M F A
N O S K R A L C Y L L E K S F
```

ACE YOUNG	JUSTIN GUARINI
BLAKE LEWIS	KELLY CLARKSON
BO BICE	KRIS ALLEN
CARRIE UNDERWOOD	MANDISA
CLAY AIKEN	MEGAN JOY
DAVID ARCHULETA	NADIA TURNER
DAVID COOK	RUBEN STUDDARD
EJAY DAY	RYAN STARR
GEORGE HUFF	TAYLOR HICKS
JORDIN SPARKS	TRENYCE

Words From Arabic

```
D E T U L R N K G A J T W P A
O W M E Q K U E Z F A A B W S
G Z L I L A C D R D R T P J R
Z E R O L I H O I A I O P J S
G N R G U A E A R W G C J D Y
A I O B Z Y C K L A W U O U P
O T R A I W K L O G N A S R V
M H R A U L M L L H E G S C K
O D S G F B A L F T C B E R R
O T P A J F T U N A D I R T L
P P E R S E E F F I R A T A A
R R Y D N A C H E M I S T R Y
F M C R I R Z N O R F F A S A
H E S R L M R Z V U O E M E Q
Q N D N A G T P P Y I A U J S
```

ALGEBRA	LUTE
ARTICHOKE	MATTRESS
CANDY	NADIR
CHECKMATE	ORANGE
CHEMISTRY	SAFFRON
GERBIL	SASH
GIRAFFE	SUGAR
HAZARD	TARIFF
LILAC	ZENITH
LIME	ZERO

Shakers

```
B L N O N J U R O R S Q A T K
X S U O I G I L E R L V T T I
N E W E N G L A N D Q D R F S
I Y T I L A U T I R I P S U Y
S O C C F U B E L I E V E R S
K V Z A S R C E E L N N A N D
A P J Y B T A Y L J Z U F I R
Y K R W I I S C W W T F R T A
U N O O A P L I O R E H E U S
N R N L P R T E F M I N N R I
A R O T O H D A C I M G C E M
U F O L B F E L H J C U H K A
H I K B P R O T E S T A N T C
F T Q U A K E R S Y K W P A R
R Y P L R T W S C N O D N O L
```

ANN LEE

BELIEVERS

CAMISARDS

CELIBACY

COMMUNAL

FRENCH

FURNITURE

J WARDLEY

LONDON

LUCY WRIGHT

NEW ENGLAND

NEW LEBANON

NISKAYUNA

NON JURORS

PACIFISTS

PROPHETS

PROTESTANT

QUAKERS

RELIGIOUS

SPIRITUALITY

Through The Lens

```
X R D T F E P A C S D N A L H
Z E T A I U L Q L Q L R P E T
L H F I L M K G U E N C O D Y
L P I C T U R E N O B T R O T
C A B L E R E L E A S E T M W
Y R T P R R Y A C U E P R Y C
R G A I X E Y K C A S D A D S
Z O P B G M L O T Z M R I P H
S T R B T I F H O Y G E T W U
S O I M G T D O H R T X R B T
N H N H F F M O S I A Y R A T
B P T O V L V A P E R T U R E
R Q S I E E P L A I O R C S R
Z I S N Y S B A N Y R W S W N
H J S H N N E R S O P T D Z D
```

APERTURE	PICTURE
BACK LIGHT	PORTRAIT
CABLE RELEASE	PRINTS
CAMERA	SELF TIMER
DIGITAL	SHUTTER
FILM	SNAPSHOT
FILTER	SOFT FOCUS
LANDSCAPE	TRIPOD
MODEL	WIDE ANGLE
PHOTOGRAPHER	ZOOM LENS

Jewelry

```
S A I B F B C I A G J Z S V W
A D Q R L S R E P P O C F A X
P X N O U A P P P B U E Y V N
R T P O F B Q S R F J S P E A
Q U E C M S Y A F G Y E C U X
G B N H S A C L T S R K S T X
K S D W W E I C S I L V E R V
K S A X L N F D D A B R P E O
N W N E K Q S O C Z A I A M S
B V T S Y H T E M A N N U E F
P E S N I C X H G V G G G R P
J C H A I T P E T E L K N A I
M T V W A A S U W T E J W L O
Y A L L Y W H I T E G O L D F
G X Q E G C K C A O C G R S R
```

AMETHYST	EMERALD
ANKLET	NECKLACE
BANGLE	PEARLS
BRACELET	PENDANT
BROOCH	PERIDOT
CHAIN	RING
CLASP	RUBY
COPPER	SILVER
CUFFLINKS	WATCH
DIAMONDS	WHITE GOLD

Junk Words

```
T F S N J M E J P K I S L V L
K O N N P H P S Z R H F I S W
S Q H A W A T D S R O S I T T
S E O R U B B L E S C R A P R
A G G Q E R L F I B B E E R E
U A W A E M U F O F R O D L T
G B A T K S N S M C R I U E T
Q R S L E C T A N A P U S F U
C A H J G V E C N I U Y P T L
W G A A L L A R E T A L L O C
Q K S T R S S X W J S M Y V S
X W L I T T E R S U E J E E P
J N I O F H S I B B U R B R U
I I F Y R O T X O N A Q A S A
W F S S X R I K K C U G R X T
```

CAST-OFF	REFUSE
CLUTTER	REJECTS
COLLATERAL	REMAINS
DEBRIS	REMNANTS
FILTH	RUBBISH
GARBAGE	RUBBLE
HOGWASH	SCRAP
JUNK	TRASH
LEFTOVERS	WASTE
LITTER	WRECKAGE

Telescopes

```
W T G N I T C A R F E R L O I
O E M A G N I F I C A T I O N
A S T R O N O M Y O A W G K O
P C H I R E I A P S R J H C I
E I D D L R L T O S L C T L T
R R Y E R O I I C D I B C R A
T T A O R C D L L E N M O M R
U P R T A A C O A A L C L A R
R O X L C A R E E Z G F L T E
E I D L E I F F O H T P E D B
E D H U B B L E N Y T E C R A
P A R A B O L I C I X A T O A
P T S T A N F A R S E E I N G
O A N O I T A V R E S B O Q T
A C H R O M A T I C L E N S V
```

ABERRATION	LIGHT COLLECTION
ACHROMATIC LENS	MAGNIFICATION
APERTURE	MIRROR
ASTRONOMY	OBSERVATION
CATADIOPTRIC	OPTICAL
DEPTH OF FIELD	PARABOLIC
FAR-SEEING	REFLECTING
GALILEO	REFRACTING
HUBBLE	THEODOLITE
INFRARED	X-RAY

Graphs And Diagrams

```
S E V R U C V P I R E T H F W
E C C Y U S Y I G C U I P E G
T R A H C R A B N R S A L L P
N H H T T L X P T T R I L B X
E M T S T S I Z O A E L R A F
G T A B L E S G B I V R X I P
N A P R C L R O A I T I V R L
A V L H G A L D Z P S W W A M
T E A G M A T L I N E S P V L
U R C A R P I X D A L Q K A S
T A I R C R G D A P G C U J X
S G T N I O P G N I N R U T R
I E I T I M E L I N E L A R V
A T R A H C W O L F E P Y M A
Z S C A L E E T J O M V S V Y
```

AVERAGE	SCALE
BAR CHART	SCATTER DIAGRAM
CRITICAL PATH	TABLE
CURVES	TANGENT
FLOW CHART	TIME LINE
HISTOGRAM	TURNING POINT
INTERVAL	VARIABLE
LINES	VENN DIAGRAM
PARABOLA	X AXIS
PIE CHART	Y AXIS

Oklahoman Ghost Towns

```
B H I X G B B S V J G B W O F
I U L E N N A I L A R T N E C
T R A E H D E R C A S F X H K
T R C J B O E I N O S M A D A
B L A C K B U R N S A R L H M
F U Y T M Y N P V G L T P X E
S V U A O S E O N E A U H T R
E B G L U P H N S I Y L A H I
T U A T N R E T I K U T L L C
C P L E T I O D R P R H T S A
B Y L W O N Y R Y L A A L E V
T T U E L G S E P G S Q L M A
R S W P I S B U I R G O S C R
A U E A V C A C G A V O C A D
R E D D E N R P U T N A B K K
```

ACME	CENTRALIA
ADAMSON	CHARLESTON
ALLUWE	CLARKSON
ALPHA	DOBY SPRINGS
AMERICA	INGALLS
AVARD	LENNA
AVOCA	MOUNT OLIVE
BLACKBURN	PINEY
BOGGY DEPOT	REDDEN
CAYUGA	SACRED HEART

State Forests In Florida

```
I T S Y J B S O A K A L E W O
N T L A E H T E B N H O J A L
O W S B Z S G A I I A V C T S
N I P R B N C O T S D O T S C
U N T E E T A S E E T H Z O L
F R X G L V R T E T S Z J N A
O I S I M S Y P A S H H T I P
U V A T O S C G W M M E E S T
R E V I R R E T A W K C A L B
C R T P E H A M M Y A K K A L
R S O E I U A R I S A S L N J
E T K L O G O L E N I P I D B
E A L L U K A W E W O W A I H
K A S H S R P W A P O L O H T
S R S U F A S G N I N N E J N
```

BELMORE	MATANZAS
BLACKWATER RIVER	MYAKKA
CARY	PINE LOG
COTTAGE HILL	SEMINOLE
DEEP CREEK	TATE'S HELL
FOUR CREEKS	TIGER BAY
GOETHE	TWIN RIVERS
HOLOPAW	WAKULLA
JENNINGS	WATSON ISLAND
JOHN BETHEA	WELAKA

Shakira

```
I Q W S H E W O L F P T H E A
D H S H T S E P A G O I F C N
E R F O O T X O U R P M F A I
N S E Z Z W X P N S N O U R M
O I U A W L D R D A I R T B A
E M A E M H A O R S T W S M L
H U P G R S N C Y L A A D E C
T S M V A T F K S O L R O R I
X I R R L T E O E E U R O U T
L C I I Y S I T R G D D G O Y
S I E L D R M D V P U S O Y P
B A R R A N Q U I L L A E U H
L N H E Y Y O U C D L A G I M
D O N T B O T H E R P Y N U P
N U M B E R O N E A R T I S T
```

ANIMAL CITY	LAUNDRY SERVICE
BARRANQUILLA	MUSICIAN
DID IT AGAIN	NUMBER-ONE ARTIST
DON'T BOTHER	PIES DESCALZOS
DREAMS FOR PLANS	POP ROCK
GOOD STUFF	SHE WOLF
HEY YOU	SUERTE
HIPS DON'T LIE	THE ONE
HOW DO YOU DO	TIMOR
LATIN POP	YOUR EMBRACE

'T' Artists

```
N W I O E J T R A Y L O R I O
T O U L O U S E L A U T R E C
O I S L J I H C U B A T T T S
B I T P I P Z X D K H E U U S
E W M I M I C N R E S R D L Y
Y H R L A O O T O T F O E T S
U L V U D N H P A R R T O R D
A W R E Y A H T T A N N E R W
I T T A B A U D D C D I H E T
T G I U N E M X E I N T E V H
E I W E R T I L N E T O L H I
K R S W P N E O T I R A R P N
L N R S L O E R R H S H J T O
E O C I O E L R R R O A U J S
A E G N I T A O C M V N I C R
```

TABAUD	TIEPOLO
TABUCHI	TING
TANNER	TINTORETTO
TEKLE	TISSOT
TENIERS	TITIAN
TESTA	TOBEY
THAYER	TONDINO
THEOPHANES	TOULOUSE LAUTREC
THOMPSON	TRAYLOR
THON	TURNER

Poor Meaning

```
T T D D E S T I T U T E T P B
D L S E M P T Y H A N D E D Y
T O S H H D E P P A R T S M Q
I F W C F S E L R G A W X B S
N E R N Y E I T P U R K N A B
C E S U A R S R E F Z P A G A
T B S R I N S S E L I N N E P
N C E C U T D P E V P P V L Y
E A L T S E L O E L O E V A D
V H Y I I U F E U N P P D C E
L T E D N S S U S T T A M K E
O E N E D O O C L S O Y H I N
S U O R E P S O R P N U X N N
N R M C B G T U L S G P F G I
I U O J T Z T S E F D W T S S
```

BANKRUPT	IN NEED
CREDIT CRUNCHED	INSOLVENT
DEPLETED	LACKING
DESTITUTE	MONEYLESS
DOWN-AND-OUT	NEEDY
EMPTY HANDED	PENNILESS
FRUITLESS	RUEFUL
HAPLESS	SPENT
IMPOVERISHED	STRAPPED
IN DEBT	UNPROSPEROUS

National Forests

```
U I X L Y O A C E O R S S I I
S D I T S H O S H O N E S J S
X K U T U M P Q U A L U I P S
O A S W M H O O B D N E U S T
K L A M A T H U O R R M S U A
T O N G A S S R N S A N L L N
X E C H U G A C H T A I A R I
Y C D O Z D S T I U H C W R S
O S I L O N C L C Z O O A S L
U O X A P A L A C H I C O L A
E H I A W A T H A J C T H D U
E G E V L A F I S H L A K E S
O A I Q D N A L E V E L C R Y
A W A T T O O D Q O T J E H H
M X H U R O N M A N I S T E E
```

APALACHICOLA   OCALA

CHUGACH   OSCEOLA

CLEVELAND   OTTAWA

DIXIE   SHOSHONE

EL DORADO   SIUSLAW

FISHLAKE   STANISLAUS

HIAWATHA   TONGASS

HURON-MANISTEE   UMATILLA

KLAMATH   UMPQUA

MOUNT HOOD   WASATCH-CACHE

Made Of Paper

```
S E P O L E V N E T H G W R U
F N E W S P A P E R S R B W T
G A B R E P A P U R I L A L I
F B C A G B D J T T O L N T C
I D A P E T O N I T L S K I K
L G L P N U B N T P U L N S E
T U S I R W G I A G C U O S T
E P E N C P N P A S J V T U S
R K A G A G E R W F F O E E R
P L S P P R P V Z G B F S S E
A Z E A M A G A Z I N E S K H
P R P P P A C K A G I N G C C
E E R E A D I N G B O O K E U
R L R R J K K M L B R G Z H O
U S N P D R A O B D R A C C V
```

BANK NOTES	PACKAGING
BLOTTING PAPER	PAPER BAG
CARDBOARD	READING BOOK
CHECKS	SUGAR PAPER
ENVELOPES	TICKETS
FILTER PAPER	TISSUES
JOURNAL	VOUCHERS
MAGAZINES	WALLPAPER
NEWSPAPERS	WRAPPING PAPER
NOTEPAD	WRITING PAPER

Furniture

```
T D R Q V Y S P C J C S A R A
E E I E O L G T C A T Q S O T
R D F S C R E D E N Z A H A P
Q R D F P L R C S U I F M U Z
Y A N C U L I W A R D R O B E
C O A T S T A N D L E N V H K
A B T K W T H Y E R P B S R L
B E S T Z D C R U R T E D M A
I D T R A K Y J I N E D R A B
N I A J E B C L R A I S A I S
E S H Q F W L O O T S T O O F
T E S O L C A E L Z I E B P O
R C R E S S E R D C U A P I A
S D O D D N U S D O H D U K A
T Z T T M H W Y P O N A C O K
```

BEDSTEAD	DRAWERS
CABINET	DRESSER
CANOPY	FIREPLACE
CHAIR	FOOTSTOOL
CLOCK	HAT STAND
CLOSET	RECLINER
COAT STAND	SIDEBOARD
CREDENZA	TABLE
CUPBOARD	TUFFET
DISPLAY UNIT	WARDROBE

The First Lady

```
S F L U C Y H A Y E S S H Z A
O Y R U H T R A N E L L E H T
W D O N O S N H O J A Z I L E
M O S G E L L E N W I L S O N
N L A T T F A T N E L E H C J
A L L V W J U L I A G R A N T
N E Y B A R B A R A B U S H K
C Y N B E T T Y F O R D T N L
Y M N N L O C N I L Y R A M O
R A C H E L J A C K S O N E P
E D A B I G A I L A D A M S H
A I R N A M U R T S S E B T A
G S T P P A T N I X O N A L R
A O E C R E I P E N A J T A A
N N R E V O O H U O L U U S S
```

ABIGAIL ADAMS	JANE PIERCE
BARBARA BUSH	JULIA GRANT
BESS TRUMAN	LOU HOOVER
BETTY FORD	LUCY HAYES
DOLLEY MADISON	MARY LINCOLN
ELIZA JOHNSON	NANCY REAGAN
ELLEN ARTHUR	PAT NIXON
ELLEN WILSON	RACHEL JACKSON
HELEN TAFT	ROSALYNN CARTER
HILLARY CLINTON	SARAH POLK

```
B B B P A A K S X I J R I E A
Q M T E U L S B S H E A P S T
E A Q J X E A E E L S R D A Z
T R U L L U Z M T I A H Y E T
B B A T X A A A L I E O M D P
P L R I Q T O L R H R D Y O M
P E T R I F I E D W O O D E E
U E Z T L M M T T L F C U G T
A S E I A J P U O D Y H A L L
G T E N O T S E M I L R P S F
A U I X C R P U S I N O E Q B
T T U R Q U O I S E E S G B T
E R H E T I N O T G N I B A B
R E S S T A U R O L I T E P R
H A S E R P E N T I N E P I P
```

AGATE

BABINGTONITE

BAUXITE

BERYL

COAL

FLUORITE

GARNET

GEODE

GOLD

HEMATITE

JADE

LIMESTONE

MARBLE

PETRIFIED WOOD

QUARTZ

RHODOCHROSITE

SERPENTINE

SILLIMANITE

STAUROLITE

TURQUOISE

Windsurfing

```
J V T S N L E J O Z M L U R E
U A J Y T I L I B A T S E X S
L F L S J R C O K T S D T O D
M P E A T P O B K N R R S E J
O A F L W L U P A T E A A A U
O N R H I A R R S M V O E G M
B E E T N N S B E R U B K S P
E E E D D I E A L K E X L Z S
N A S P A N R L O B N T I L A
O L T F E G A A O B A I A O P
B O Y J H S C N P F M L S W M
H O L Y M P I C S P O R T A O
S R E O O E N E Y M I R S V G
I R L G O E G E K R B T W E U
W Z T X B D P Q P U H K S S J
```

BALANCE	OLYMPIC SPORT
BOARD	PLANING SPEED
BOOMHEAD	SAIL
COURSE RACING	SINKER
EXTREME	SLALOM
FREESTYLE	STABILITY
JUMPS	WATER SPORT
LOOPS	WAVES
MANEUVERS	WIND
MAST	WISHBONE BOOM

Pungent!

```
H A G A S R Y D C O D L H F V
D M O N I O N S Y I L V S A O
Y T S E Z N D S U B T N O A I
Z D S R N B O M O A B S U S W
I T Y C U O M M D T D N U G O
E L R I P B T U M S S O T A P
I O E T V I N E G A R I L R C
P T P A O T Q R C O B I S E E
I I P M R T A U D A K T E P R
P N E O A E O O A D I R C A E
E U P R Y R I B P N N Y R A D
D Z T A C Q I O G R T A P B R
I T W A R I C I L R A G Z K L
C H L O R I N E O O U H Y K T
A A T C T G T G N O R T S R X
```

ACETONE	ONIONS
ACID	PEPPERY
ACRID	PIERCING
AMMONIA	PIQUANT
AROMATIC	SHARP
BITTER	STINGING
CAUSTIC	STRONG
CHLORINE	TART
GARLIC	VINEGAR
ODOROUS	ZESTY

Grapes

```
O Z S P E O R S N X S A Z A P
S G P T G A R I O N T O N I P
B P M O M D A I E N Q K R T E
G A U I A C E S E S S O R S X
S L S H I R A Z C P L U B I N
C C C P Y T E C H P U I N X L
O B A L I G E B A S O O N J P
R O T B E R G E R X R L R G R
F U Q B E O A A D A U B U N Q
A V G Z Y P S N O P B B T W T
A I A R T E S T N A S A H C Y
I E A C O L O N N V T G D W A
L R U C B L K R A F H U J P X
I P I G N O L O Y T O L R E M
D Y E T T Q R T P S E S I A H
```

ACOLON	MERLOT
ASPIRAN	MUSCAT
AUBUN	PIGNOLO
BARBERA	PINOT NOIR
BOUVIER	RAMISCO
CEREZA	RIESLING
CHARDONNAY	ROSSESE
CHASAN	ROTBERGER
GROPELLO	ROUPEIRO
JUHFARK	SHIRAZ

Lighthouses

```
K N U H Y T T U C I Y J P O L
R O N I M R E F T N I O P U A
C B S D O C R A C O K E I M L
D S L T N I O P A L O H U A K
E D M U H A I Z O T Z D E H I
A N I C E A L S B R S A G O P
S A S I G H N S O A G E G N O
T L P M A I I E I L O H R R I
P S I I N A Q L E S S E O I N
O I L N I S R I L N L C C V T
I N L O S V S I A B E I K E M
N O I C L L Z I U U A D V R U
T R O P A E S C I T S Y M E F
T U N N N O C E S B A P X H D
C H D A D N A L S I R A E B Q
```

ABSECON

ALKI POINT

BEAR ISLAND

BLUE HILL BAY

CONIMICUT

CUTTYHUNK

DEVILS ISLAND

DICE HEAD

EAGLE ISLAND

EAST POINT

EGG ROCK

HURON ISLANDS

KAUHOLA POINT

MAHON RIVER

MISPILLION

MONHEGAN ISLAND

MYSTIC SEAPORT

NEENAH

OCRACOKE

POINT FERMIN

```
P S P N M B W A S B W A O O D
Z L E O O L U Y D I I K C X L
W T P V P S W F L K T E V B O
T C M A E L T Y F I T R R A W
W E I V D N A R G I E U W B E
T T E S S A H R E N N E L B R
U R W P B S T T Y B T G K S T
H A Q J Z I T I I G O R T U W
G N O S M A I L L I W R I O I
B L A I N E L I M T H G I E N
F I R S T B R O T H E R Q E B
P Q S S A V M U S T A P H A A
L X J L T P B R O A D B A C K
E I M U G N I K S U M P E T E
G R S V I E N N A T T R A V R
```

BABBS	LOWER TWIN
BAKER	MUSKINGUM
BLAINE	MUSTAPHA
BLENNERHASSETT	POPLAR
BROADBACK	ROBERTSON
BUFFINGTON	SEVEN
EIGHTMILE	VIENNA
EUREKA	WILLIAMSON
FIRST BROTHER	WITTEN TOWHEAD
GRANDVIEW	WYLIE

Madonna Hits

```
H C Z L A I S L A B O N I T A
T T N W C H E R I S H L T D T
R R A I N H K I Q I I L H E O
Q S U E G F O G I K W K G L F
X W S E E E G L E U E C I U L
G Q O V B A N A I V G V L C W
Q F E B Q L V I E D E H F K T
M R I R A I U R L T A I O Y O
U O B Y R E Y E O R L Y Y S A
S Z H G Q B K T R Y E O A T S
I E I E O P E A T H G D R A N
C N C D Z L R M T H N U R R R
R N Y R L F R E H T A F H O T
M P W V E R O Z L R I G D A B
U O M K T T P M J H E R R N D
```

ANGEL	LIVE TO TELL
BAD GIRL	LUCKY STAR
BORDERLINE	MATERIAL GIRL
CHERISH	MUSIC
EVERYBODY	OH FATHER
FEVER	RAIN
FROZEN	RAY OF LIGHT
HOLIDAY	SECRET
LA ISLA BONITA	TAKE A BOW
LIKE A VIRGIN	TRUE BLUE

Sleepovers

```
C T G R R N R O C P O P W M P
E A A H P O P S O N G S Q A P
X L T U O S T H G I L T J I I
C O Y U O D R P O U S A Z G L
I U R H R N I E M B M Z H N L
T D R Y I E O B V A A O R I O
E M E R Y I E O S O S I G K W
M U R D E R M Y S T E R Y L F
E S A R P F E N S W R K L A I
N I M A F A S T F O O D A T G
T C R B A G O F C A N D Y M H
D T L O E R A D R O H T U R T
Y T H G I N R E V O L J I P G
R S S E M A G D R A O B T I A
E E S K N I R D Y Z Z I F A T
```

BAG OF CANDY
BOARD GAMES
EXCITEMENT
FAST FOOD
FIZZY DRINKS
FRIENDS
GHOST STORIES
LIGHTS OUT
LOUD MUSIC
MAKEOVERS

MURDER MYSTERY
OVERNIGHT
PAJAMAS
PILLOW FIGHT
PIZZA
POP SONGS
POPCORN
SLUMBER PARTY
TALKING
TRUTH OR DARE

Virtues

```
E S F S Y T S E D O M I X Z T
E G S S E R O M U H I R S D C
P A E E C R E F F O J A I I U
T G Y N N D E V O T I O N S J
J P T T E E C N A T P E C C A
U R L S I R V U E R F P E R U
S U A A T L O I R S B U R E H
T D Y F A R I S G I K V I T O
I E O D P X E B I R O T T I N
C N L A Q P H T A T O S Y O E
E C N E C O N N I I Y F I N S
G E N T L E N E S S L G Q T T
R E L S S E N D N I K E R L Y
A G Q G O O N M S S C M R H A
X R A S A T E A S L O L C L K
```

ACCEPTANCE	INNOCENCE
BRAVERY	JUSTICE
CURIOSITY	KINDNESS
DEVOTION	LOYALTY
DISCRETION	MODESTY
FORGIVENESS	PATIENCE
GENEROSITY	PRUDENCE
GENTLENESS	RELIABILITY
HONESTY	SINCERITY
HUMOR	STEADFASTNESS

Types Of Smith

```
B R E D S M I T H P A X W H O
R L H H S H O E S M I T H L O
H H H H T I M S R E V L I S A
T T T T T I R O N S M I T H G
I I I I C I M N F A B A E E I
M M M M S O N S L P R T S H B
S S S S S L P S R C I L M T L
K N D E G N O P M O G S I I A
C W L L T U E C E I H X T M C
A O O K E A N E K R T C H S K
J R G C D Y N S R S S H N N S
T B U U U L J W M G M M S A M
Y W F B W L B A H I I I I P I
E V B L A D E S M I T H T T T
I A N V I L S M I T H H H T H H
```

ANCHORSMITH

ANVILSMITH

BLACKSMITH

BLADESMITH

BRIGHTSMITH

BROWNSMITH

BUCKLESMITH

COPPERSMITH

GOLDSMITH

GREENSMITH

GUNSMITH

IRONSMITH

JACKSMITH

LOCKSMITH

PANSMITH

REDSMITH

SHOESMITH

SILVERSMITH

TINSMITH

WHITESMITH

Poker Stars

```
I  J  M  A  D  N  A  U  J  J  M  Q  L  U  X
A  Y  L  A  C  O  M  D  C  O  Y  F  A  R  F
Y  C  Q  F  H  B  I  T  A  R  O  A  E  J  V
J  W  U  I  I  P  R  Y  O  A  E  O  N  U  O
G  B  P  N  U  A  D  F  O  M  R  A  E  G  U
T  R  G  H  N  E  C  L  C  W  M  K  R  H  F
T  E  A  R  E  I  T  U  O  L  C  J  T  S  M
R  U  A  Y  E  L  N  A  E  G  F  M  E  S  R
E  S  M  L  M  E  L  G  G  O  J  E  O  R  V
S  N  G  U  Y  E  N  M  H  T  W  H  T  Y  R
E  A  S  B  H  L  R  S  U  A  S  C  S  E  E
I  T  F  O  R  R  E  S  T  T  M  A  X  V  G
D  E  Q  O  H  Z  N  E  W  E  H  H  E  I  B
E  L  E  H  U  E  L  T  I  J  I  J  L  P  F
L  Q  O  I  D  N  E  G  R  E  A  N  U  I  D
```

A CUNNINGHAM	J JUANDA
B GREENSTEIN	J YANG
D CHIU	M BINGER
D NEGREANU	NAM LE
D PHAM	P EASTGATE
E SEIDEL	P HELLMUTH
G RAYMER	P IVEY
J C TRAN	S NGUYEN
J GOLD	T FORREST
J HACHEM	T J CLOUTIER

State Fish

```
F Z I M G O L D E N T R O U T
K I N G S A L M O N U P Y E U
I E G N U L L E K S U M K Y O
S W B H S I F E L D D A P E R
T U O R T A N O Z I R A Q L T
R S A W H I T E B A S S Z L T
I L D A H S N A C I R E M A A
P R Q O L L I G E U L B R W O
E O W A T L A N T I C C O D R
D C H A N N E L C A T F I S H
B K T U O R T K O O R B X R T
A F W H I T E C R A P P I E T
S I H S I F K A E W D N O T U
S S E K I P N R E H T R O N C
A H P D Y I D L A B I R A G P
```

AMERICAN SHAD	KING SALMON
ARIZONA TROUT	MUSKELLUNGE
ATLANTIC COD	NORTHERN PIKE
BLUEGILL	PADDLEFISH
BROOK TROUT	ROCKFISH
CHANNEL CATFISH	STRIPED BASS
CUTTHROAT TROUT	WALLEYE
FIGHTING TARPON	WEAKFISH
GARIBALDI	WHITE BASS
GOLDEN TROUT	WHITE CRAPPIE

Card Games

```
R Y S Y U R Z Y R N S Y X T A
B P C S M A A S D B O O M X L
Y O O A O S W B Y Z O T Q E C
I U G N N I U Z Y Z M R S Y R
R W B E T A A E A N G R B O I
U E T C E O S E V I F L L A B
R I H U H E O T A R A C C A B
S R E K O P L N A C U G R E A
H A A H H I I T K K K M Z I G
F O R O B N T J S S S I M Y E
N M T R T O A A E P Q R A Y D
A N S X D C I X V U U J J Y P
T E X I K H R S E D A P S K W
E A S Z Q L E C N E I T A P S
B R I D G E O T S I H W O D L
```

ALL FIVES	PATIENCE
BACCARAT	PINOCHLE
BEZIQUE	POKER
BLACKJACK	PONTOON
BOSTON	RUMMY
BRIDGE	SEVENS
CANASTA	SOLITAIRE
CRIBBAGE	SPADES
HEARTS	SWITCH
MONTE	WHIST

Ghost Towns In Arizona

```
X E S A E S I H C O C H R A N
T G E U T R E S A L A M O S T
W H V B Y O R E D I N G T O N
D B U C E N E C S A Y C K A O
N R L H M L O Q H A O E Z J M
I L T E C N B E A P N L D U D
G M U R G H L M P T D O A J E
L E R R P V K E U P I H E J I
E T E Y E R R C J B A F T E P
E S M T A C K S I N B L L S Y
S Q I F R Y U S A G L O M P I
O A N E C N A M T A O W P C M
N U E A E C A N E L O V E S H
I K M R I D Z T L W R O S X X
Q P O L A P A Z X E L G P R T
```

ADAMANA	HELVETIA
BUMBLE BEE	KENTUCKY CAMP
CANELO	LA PAZ
CANYON DIABLO	OATMAN
CHERRY	PEARCE
COCHISE	PIEDMONT
COCHRAN	REDINGTON
CONGRESS	TRES ALAMOS
COPPER CREEK	VULTURE MINE
GLEESON	WOLF HOLE

Solutions

No 1

No 2

No 3

No 4

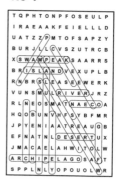

Solutions

No 5

No 6

No 7

No 8

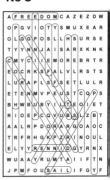

Solutions

No 9

No 10

No 11

No 12

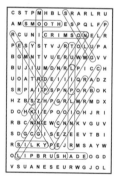

Solutions

No 13

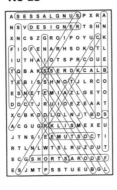

No 14

No 15

No 16

Solutions

No 17

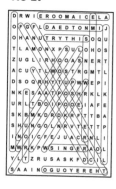

No 18

No 19

No 20

Solutions

No 21

No 22

No 23

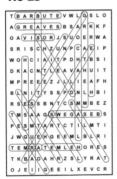

No 24

Solutions

No 25

No 26

No 27

No 28

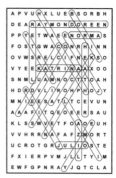

Solutions

No 29

No 30

No 31

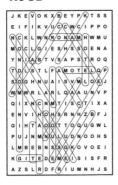

No 32

Solutions

No 33

No 34

No 35

No 36

Solutions

No 37

No 38

No 39

No 40

Solutions

No 41

No 42

No 43

No 44

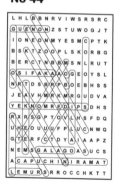

Solutions

No 45

No 46

No 47

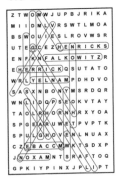

No 48

Solutions

No 49

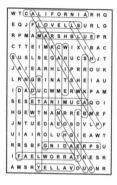

No 50

No 51

No 52

Solutions

No 53

No 54

No 55

No 56

Solutions

No 57

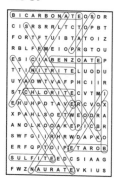

No 58

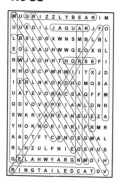

No 59

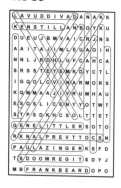

No 60

Solutions

No 61

No 62

No 63

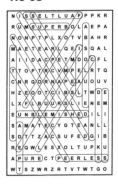

No 64

Solutions

No 65

No 66

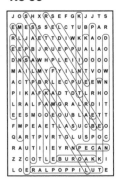

No 67

No 68

Solutions

No 69

No 70

No 71

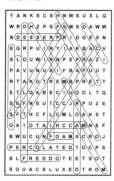

No 72

Solutions

No 73

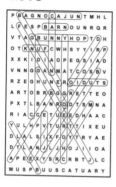

No 74

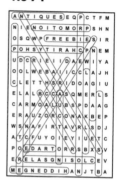

No 75

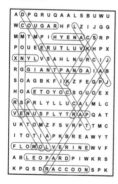

No 76

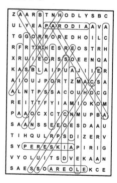

Solutions

No 77

No 78

No 79

No 80

Solutions

No 81

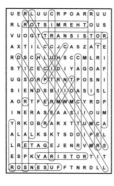

No 82

No 83

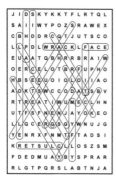

No 84

Solutions

No 85

No 86

No 87

No 88

Solutions

No 89

No 90

No 91

No 92

Solutions

No 93

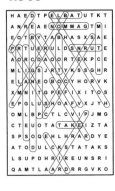

No 94

No 95

No 96

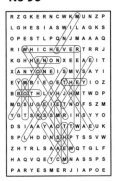

Solutions

No 97

No 98

No 99

No 100

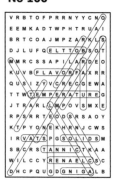

Solutions

No 101

No 102

No 103

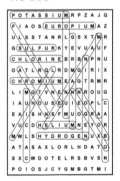

No 104

Solutions

No 105

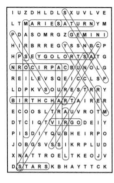

No 106

No 107

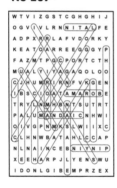

No 108

Solutions

No 109

No 110

No 111

No 112

Solutions

No 113

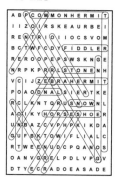

No 114

No 115

No 116

Solutions

No 117

No 118

No 119

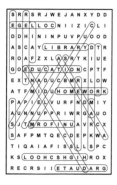

No 120

Solutions

No 121

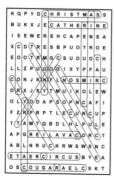

No 122

No 123

No 124

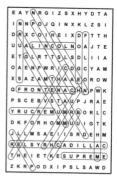

Solutions

No 125

No 126

No 127

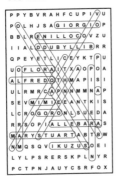

No 128

Solutions

No 129

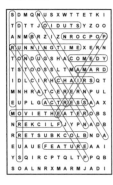

No 130

No 131

No 132

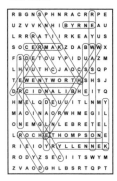

Solutions

No 133

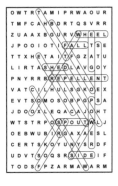

No 134

No 135

No 136

Solutions

No 137

No 138

No 139

No 140

Solutions

No 141

No 142

No 143

No 144

Solutions

No 145

No 146

No 147

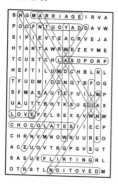

No 148

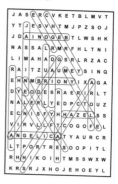

Solutions

No 149

No 150

No 151

No 152

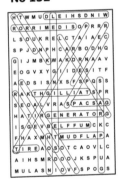

Solutions

No 153

No 154

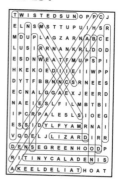

No 155

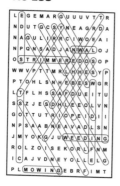

No 156

Solutions

No 157

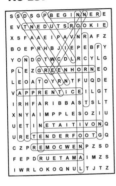

No 158

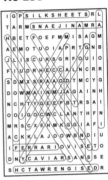

No 159

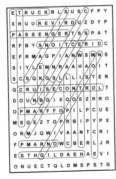

No 160

Solutions

No 161

No 162

No 163

No 164

Solutions

No 165

No 166

No 167

No 168

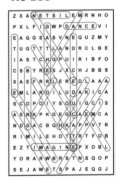

Solutions

No 169

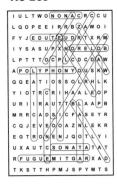

No 170

No 171

No 172

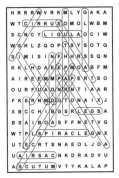

Solutions

No 173

No 174

No 175

No 176

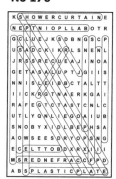

Solutions

No 177

No 178

No 179

No 180

Solutions

No 181

No 182

No 183

No 184

Solutions

No 185

No 186

No 187

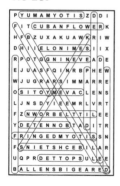

No 188

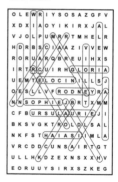

Solutions

No 189

No 190

No 191

No 192

Solutions

No 193

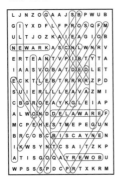

No 194

No 195

No 196

Solutions

No 197

No 198

No 199

No 200

Solutions

No 201

No 202

No 203

No 204

Solutions

No 205

No 206

No 207

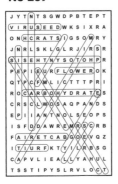

No 208

Solutions

No 209

No 210

No 211

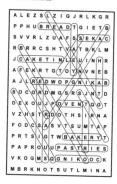

No 212

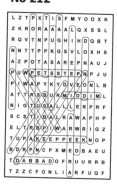

Solutions

No 213

No 214

No 215

No 216

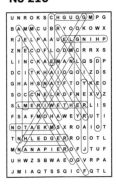

Solutions

No 217

No 218

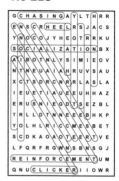

No 219

No 220

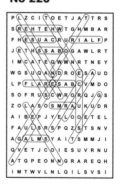

Solutions

No 221

No 222

No 223

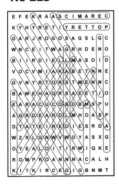

No 224

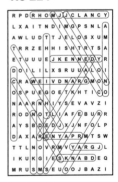

Solutions

No 225

No 226

No 227

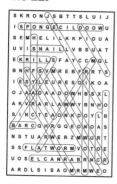

No 228

Solutions

No 229

No 230

No 231

No 232

Solutions

No 233

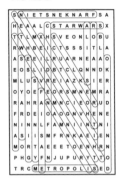

No 234

No 235

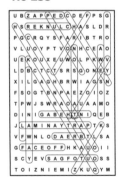

No 236

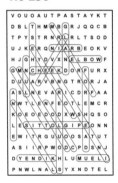

Solutions

No 237

No 238

No 239

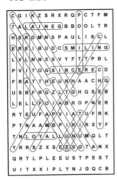

No 240

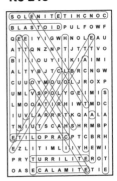

Solutions

No 241

No 242

No 243

No 244

Solutions

No 245

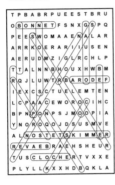

No 246

No 247

No 248

Solutions

No 249

No 250

No 251

No 252

Solutions

No 253

No 254

No 255

No 256

Solutions

No 257

No 258

No 259

No 260

Solutions

No 261

No 262

No 263

No 264

Solutions

No 265

No 266

No 267

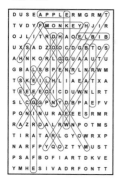

No 268

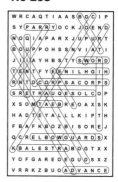

Solutions

No 269

No 270

No 271

No 272

Solutions

No 273

No 274

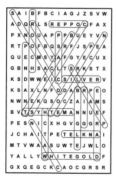

Solutions

No 275

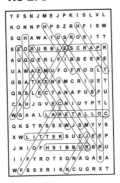

No 276

Solutions

No 277

No 278

Solutions

No 279

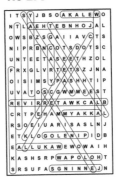

No 280

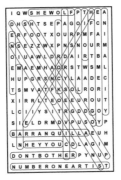

Solutions

No 281

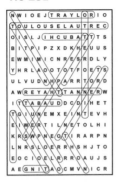

No 282

Solutions

No 283

No 284

Solutions

No 285

No 286

Solutions

No 287

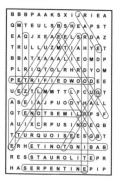

No 288

Solutions

No 289

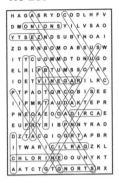

No 290

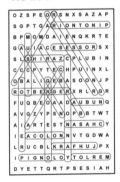

Solutions

No 291

No 292

Solutions

No 293

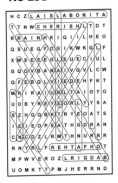

No 294

Solutions

No 295

No 296

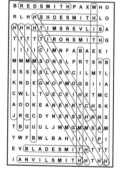

Solutions

No 297

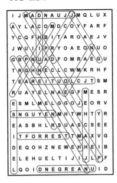

No 298

Solutions

No 299

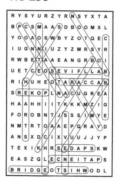

No 300

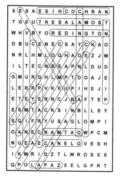